배당주 투자

무작정 따라하기

배당주 투자 무작정 따라하기
The Cakewalk Series-Dividend Stock Investment

초판 1쇄 발행 · 2021년 6월 30일
초판 3쇄 발행 · 2023년 11월 10일

지은이 · 이래학(달란트투자)
발행인 · 이종원
발행처 · (주)도서출판 길벗
출판사 등록일 · 1990년 12월 24일
주소 · 서울시 마포구 월드컵로 10길 56(서교동)
대표 전화 · 02)332-0931 | **팩스** · 02)323-0586
홈페이지 · www.gilbut.co.kr | **이메일** · gilbut@gilbut.co.kr

기획 및 책임 편집 · 박윤경(yoon@gilbut.co.kr) | **표지디자인** · 장기춘 | **본문디자인** · 박상희 | **마케팅** · 정경원, 김진영, 최명주
제작 · 이준호, 손일순, 이진혁 | **영업관리** · 김명자, 심선숙, 정경화 | **독자지원** · 윤정아

교정교열 · 최원정 | **전산편집** · 예다움
CTP 출력 및 인쇄 · 북토리 | **제본** · 신정문화사

ISBN 979-11-6521-576-7 13320
(길벗도서번호 070445)

정가 18,000원

독자의 1초를 아껴주는 정성 길벗출판사

- **(주)도서출판 길벗** IT교육서, IT단행본, 경제경영서, 어학&실용서, 인문교양서, 자녀교육서 www.gilbut.co.kr
- **길벗스쿨** 국어학습, 수학학습, 어린이교양, 주니어 어학학습, 학습단행본 www.gilbutschool.co.kr

배당주투자
무작정 따라하기

이래학(달란트투자) 지음

길벗

천천히 가는 것 같지만
결국 늘어나는 배당주의 힘

> 2020년 주요 증권사 6곳에서 신규 발급된 주식계좌가 723만 개,
> 그중 20~30대가 절반 이상이다. 〈조선일보〉

2020년 3월, 코로나19로 인한 경제충격으로 종합주가지수가 단기간에 1,400선까지 후퇴했습니다. 10년에 한 번 올까 말까 한 급락장이 연출되자 '지금이 돈 벌 기회다'라는 분위기가 형성되면서 2030을 필두로 신규 투자자들이 증시에 뛰어들었지요. 이후 주식시장은 거짓말처럼 빠르게 회복했고 코스피 지수는 3,000선을 돌파하며 사상 최고가를 새로 썼습니다. 세계 각국이 경기 부양을 위해 시장에 어마어마한 유동성을 공급했으며, 금리를 제로 금리 수준으로 내린 결과입니다.

여기저기에서 주식으로 대박을 쳤다는 사람들이 나타나기 시작하자 이제 투자를 하지 않은 위험이 더 크다는 인식이 사람들 머릿속에 자리잡았습니다. 이 시기에 만들어진 '벼락거지'라는 신조어가 이러한 상황을 잘 대변해줍니다. 벼락거지란 주식, 부동산 등 자산 가격이 급격히 올라 상대적으로 빈곤해진 사람을 가리키는 용어입니다.

이즈음 되면 새로운 걱정이 생깁니다. '증시가 너무 과열되지 않았나?' 하는 불안에 투자자들은 고민을 하게 됩니다. 주식의 '주' 자에도 관심이 없던 사람이 주식을 시작하거나, 젊은 세대들이 마이너스 통장까지 일으켜서 영끌투자를 하고 있다는 소식은 일반적으로 증시의 과열 신호이

기 때문입니다. 증시의 방향성을 본다면 뜨거워진 가슴을 차갑게 식히는 것이 필요해 보입니다.

그런데 몇 달 하고 말 것이 아니라면 주식투자는 하루라도 빨리 시작하는 것이 좋습니다. 제러미 시겔 교수는 책 《주식에 장기투자하라》에서 주식은 '장기적으로 가장 안정적으로 높은 수익률을 기록하는 자산'이라고 하였습니다. 여기서 중요한 것은 높은 수익률보다 '안정적'이라는 키워드입니다. 투자에는 'High Risk, High Return'이란 말이 있습니다. 기대수익률이 높은 자산일수록 위험도 커진다는 말입니다. 이는 당연한 진리입니다. 예적금에 투자하면 나라가 망하지 않는 한 원금을 보전(5천만 원 한도)할 수 있습니다. 대신 1~2%에 불과한 이자로 만족해야 합니다. 반면 주식은 기대수익률이 매우 높습니다. 매년 2배 이상 오른 주식도 심심치 않게 등장합니다. 그럼에도 주식에 과감히 투자할 수 없는 것은 원금손실 가능성 때문입니다. 실제 최악의 타이밍에 투자했을 때 코스피 기준 1년간 발생할 수 있는 최대 손실률은 63.8%입니다.

그런데 투자기간을 늘리면 얘기가 달라집니다. 10년 기간으로 늘리면 최대 손실률은 35.5%로 확 줄어들고, 20년으로 확대하면 최악의 타이밍에 투자했을 때에도 오히려 69.4%의 수익률을 기록하게 됩니다. 반면 가장 안전한 자산으로 간주되는 현금은 시간이 지날수록 인플레이션 때문에 가장 큰 손실을 입게 됩니다. 어릴 적 즐겨 먹던 과자나 아이스크림의 가격을 보면 깜짝 놀랄 때가 있습니다. 20~30년 전보다 가격이 최소 10배가량 뛰었기 때문입니다. 나의 자산을 안전하게 지키기 위해서 주식에 장기적으로 투자해야 하는 이유입니다.

그렇다면 장기투자하기 좋은 주식은 무엇일까요? 초보투자자에게는 특히 배당주가 좋은 투자대상일 수 있습니다. 꾸준히 배당을 지급하는 주식은 우량기업일 가능성이 있기 때문이지요. 4~5년은 호황과 불황을 거치는 경기의 한 사이클입니다. 이 기간 동안 일관된 배당정책을 고수했다는 것은 그만큼 실적도 꾸준하고 자금 사정도 넉넉하다는 자신감의 표현입니다. 즉 외부 환경에 영향을 덜 받는 경쟁력 있는 기업이라고 볼 수 있습니다.

이 책은 배당주를 처음 접한 투자자부터 배당주 투자로 수익률을 높이고 싶은 투자자까지 모두에게 필요한 핵심 내용을 담았습니다. 총 6개의 마당으로 이루어져 있으며, 배당주에 처음 입문하는 투자자를 배려해 순서를 정했습니다.

첫째마당 '배당투자 전 준비운동'은 배당주에 투자해야 하는 이유, 배당주에 관한 기초 지식에 대해 다룹니다. 입문자는 배당에 대한 탄탄한 기초를 다질 수 있으며, 주식투자 경험이 있는 투자자라도 배당주에 대한 지식의 빈틈을 촘촘히 메울 수 있습니다.

둘째마당 '실전 배당투자 시작하기'에서는 실제 배당주 투자로 수익을 내는 방법들을 소개합니다. 배당주의 투자 매력을 판단할 때 꼭 봐야 할 경제지표는 무엇인지? 우량 배당주를 고르는 기준, 배당주 매수·매도 타이밍에 대해 구체적으로 설명합니다.

셋째마당 '수익률을 높이는 배당투자 고급전략'은 증여, 상속, 최대주주 변경 등 이벤트를 통해 배당 매력이 부각되는 주식의 유형에 대해 소개합니다. 배당주 투자로 기대수익률을 극대화하고 싶은 투자자를 위한 고급전략을 다룹니다.

넷째마당 '또 다른 배당주 투자법'은 배당주의 특성은 갖고 있으나 일반

투자자들에겐 다소 생소한 우선주, 리츠 등에 대해 다룹니다. 특히 우선주의 가치는 무엇으로 결정되는지, 리츠에 투자할 때 봐야 할 지표는 무엇인지를 중점적으로 소개합니다.

다섯째마당 '배당도 글로벌, 미국 배당주 투자'에서는 한국 배당주와 미국 배당주의 다른 점, 미국 배당주를 고르는 요령, 리츠, 배당 ETF 등 다양한 미국 배당주 투자 전략에 대해 다룹니다.

여섯째마당 '투자자 맞춤형 배당 포트폴리오 꾸리기'에선 지금까지 다뤘던 다양한 배당주로 투자자 맞춤형 포트폴리오를 짜는 방법에 대해 소개합니다. 더불어 한국 배당주 중 배당성장주, 고배당주, 분반기 배당주 등의 리스트와 월 배당 포트폴리오를 꾸리기 위해서 꼭 알아야 하는 미국 배당주 리스트도 담겨있습니다.

투자의 현인 워런 버핏의 첫 번째 투자원칙은 '원금을 잃지 않는 것'입니다. 두 번째 원칙은 첫 번째 원칙을 지키는 것입니다. 그만큼 잃지 않는 투자가 중요하다는 의미입니다. 이는 버핏이 결코 보수적인 투자자라서 그런 것이 아닙니다. 장기적으로 복리 효과를 극대화하기 위해서는 일순간 수익을 극대화하는 것보다 매년 조금씩 벌더라도 손해를 보지 않는 것이 무엇보다 중요하기 때문입니다. 그런 차원에서 배당주는 장기적으로 복리 효과를 누리기에 적합한 투자대상입니다. 꾸준히 배당금을 지급하는 기업은 그렇지 않은 기업에 비해 주가가 덜 하락하는 경향이 있으며, 주기적으로 지급되는 배당금을 재투자하면 복리 효과가 커지기 때문입니다.

특히 초보투자자라면 일확천금을 바라며 급등주에 투자하기보다는 우량한 배당주에 관심을 갖길 권합니다. 천천히 가는 것 같지만 시간이 지나면 어느 순간 눈덩이처럼 불어나는 나의 자산을 확인할 수 있을 겁니다. 급등주를 찾기 위해 하루에도 수십 번 등락을 거듭하는 시세창에 얽매이지 마시길 바랍니다. 되려 느긋한 마음으로 우량주에 투자하는 것이 계좌 수익률에 도움이 되는 것은 물론이고 정신건강에도 좋습니다. 종목을 잘 선택했다면 수익률은 시간이 만들어줄 것입니다. 시간의 노예가 아닌, 시간을 내 편으로 만드는 투자가 장기적으로 성공할 수 있습니다. 부디 이 책에 담긴 지식이 여러분을 올바른 투자의 길로 안내하길 바랍니다.

끝으로 《배당주 투자 무작정 따라하기》를 제안해주신 길벗출판사 임직원분들께 감사드리며, 책이 출간되기까지 다양한 영감을 준 달란트투자 구독자 여러분, 사랑하는 가족들에게 고맙다는 인사를 올립니다. 그리고 이 모든 과정을 주관하신 하나님께 감사드립니다.

이태학

차례

프롤로그 천천히 가는 것 같지만 결국 늘어나는 배당주의 힘   004

첫째마당

배당투자 전 준비운동

(투자이야기) 배당주 투자를 시작할 때 알아야 할 것들   018

001 배당주에 투자해야 하는 이유   **019**
원금을 잃을 가능성이 낮다   019
웬만해선 손절매를 하지 않는다   023
현금은 신뢰할 수 있다   025
배당은 메가트렌드다   026
배당은 주가 상승의 신호탄   029
월세보다 월 배당주   031
배당으로 복리수익률 극대화   033

002 배당주에 대한 오해   **035**
배당주 투자는 따분하다?   035
배당주 투자는 배당금이 주요 수익이다?   036

003 배당 기초상식 A-Z   **041**
배당, 얼마나 알고 있을까? 셀프 체크리스트   041
배당용어 정복: 배당총액, 주당배당금, 배당수익률, 시가배당률   042
1년에 배당 가능한 횟수는?   043
배당을 받으려면 언제까지 주식을 매수해야 할까?   044
현금배당과 주식배당의 차이는?   045
순이익이 적자면 배당이 가능할까?   049
배당 정보 확인하는 필수 사이트는?   051
(잠깐만요) 배당투자가 쉬워지는 재무제표 필수 지식   054
(무작정 따라하기) 계좌개설에서 환전, 주문까지 한 번에!   056
(무작정 따라하기) 실전 재무제표 기업 분석 따라하기   061

둘째마당 → # 실전 배당투자 시작하기

(**투자이야기**) 예·적금 금리가 2%도 안 되는데 배당수익률은 무려 10%!?   068

004 **배당과 함께하는 거시경제 지표 '금리'**   **069**

국가 부도의 날 vs 2021년 대한민국   069
금리를 활용한 배당주 투자전략   070

005 **주목해야 할 배당주의 유형**   **072**

배당금을 유지하는 기업   072
배당금을 늘리는 기업   074
배당성향을 유지하는 기업   075
배당정책이 일정하지 않은 기업   075
(**잠깐만요**) 관심종목의 내년 배당금, 배당수익률 예측해보기   076
(**무작정 따라하기**) 내 배당금은 실제 얼마일까?   078

006 **배당주 포트폴리오 구성 핵심팁**   **080**

배당수익률이 시중은행 금리보다 높은 기업   080
5년 이상 꾸준한 배당정책을 펼치는 기업   081
실적 안정성이 높은 기업   083
재투자의 필요성이 적은 기업   084

007 **배당주 언제 사고, 언제 팔까?**   **088**

찬바람 불면 생각나는 배당주   088
겨울에 사서, 겨울에 팔아라   089

셋째마당 → # 수익률을 높이는 배당투자 고급전략

(**투자이야기**) 최대주주의 별세나 변경, 투자 기회가 될 수 있을까?   094

008 **배당성향으로 어닝서프라이즈 예측하기**   **095**

009   **상속과 증여 이벤트에서 찾는 배당투자 아이디어**   **098**

영풍제지 사례   099

천일고속 사례   103

상속, 증여로 인한 배당투자 시 주의할 점   107

   ① 세금이 적거나 발생하지 않을 수 있는 리스크   107

   ② 배당의 재원이 없을 수 있는 리스크   110

010   **외국인은 배당을 좋아해**   **112**

코스트코코리아, 23년 만에 '2,300억 원' 첫 배당   112

한국기업평가 사례   113

외국계 대주주 기업 배당투자 시 주의할 점   116

011   **사모펀드가 주인인 기업**   **119**

코엔텍 사례   120

쌍용C&E 사례   127

사모펀드 인수 기업 배당투자 접근 시 주의할 점   130

[**무작정 따라하기**] 상속으로 폭탄 배당 가능성이 있는 종목은?   132

넷째 마당

또 다른 배당주 투자법

[**투자이야기**] 우선주와 리츠 배당을 받는 또 다른 방법이 있다?   136

012   **배당 하면 빼놓을 수 없는 우선주**   **137**

무엇에 우선한다는 것일까?   137

현대차 우선주 3인방 중 어디에 투자해야 할까?   138

삼성전자와 삼성전자우, 어디에 투자해야 할까?   142

조심해야 할 우선주의 공통점   144

013   **건물주의 꿈은 이루어진다, 리츠(REITs) 투자**   **147**

건물주 꿈을 이루는 가장 현실적인 방법   147

국내 리츠 시장의 성장 가능성   148

리츠 투자 시 꼭 확인해야 하는 6가지   150

   ① 투자대상   150

   ② 임차인의 건전성   150

③ 부동산의 가치 150

④ 운용수익(FFO) 151

⑤ 순자산가치(NAV) 152

⑥ 배당 매력 152

국내 상장 리츠 총정리 153

[잠깐만요] 우량 임차인과 계약조건 파악하기 156

014 배당주 발굴이 어렵다면 '배당 ETF' 158

ETF 투자 시 알아야 할 점 159

① 보수 159

② 추적오차와 괴리율 159

③ 거래대금 160

투자할 만한 국내 배당 ETF는? 161

[무작정 따라하기] 투자 매력이 높은 우선주를 골라보자 164

다섯째마당

배당도 글로벌, 미국 배당주 투자

[투자이야기] 배당의 원조, 미국 주식 168

015 영알못도 미국 배당주를 알아야 하는 이유 169

주주환원의 원조 169

한국과 다른 배당 스타일 170

신속한 배당금 지급 171

016 알아두면 수익률이 올라가는 미국 주식 기본상식 173

거래시간과 수수료 173

알면 수익률이 올라가는 세금 이슈 174

양날의 검, 환율 175

017 한국 배당주와 다른 미국 배당주 고르는 팁 177

배당성향이 너무 높은 기업은 조심해라 177

배당성장주에 주목하라 179

종목 발굴 시간을 줄여줄 배당성장주 6가지 180

018　**배당주 투자수익률 극대화하기**　**184**

역사적 배당수익률을 통한 매매전략　184
배당금 재투자에 따른 수익률 극대화　188

019　**급락장 오면 수익률 1등할 주식, 고정배당우선주**　**190**

하락장에 강한 고정배당우선주　190
한국 우선주 vs 미국 우선주　191
미국 우선주 사용설명서　192
미국 우선주 투자 시 유의할 점 2가지　194
[잠깐만요] 내가 찾는 우선주가 검색이 안 된다면?　198

020　**입맛대로 투자하는 미국 리츠**　**200**

한국 시가총액과 맞먹는 미국 리츠 시장　200
자산 리츠 12가지 섹터 및 주요 종목　201
　① 인프라　201
　② 주거시설　203
　③ 산업시설　204
　④ 리테일　206
　⑤ 데이터센터　207
　⑥ 헬스케어　209
　⑦ 오피스　210
　⑧ 셀프스토리지　212
　⑨ 전문시설　213
　⑩ 숙박/리조트　214
　⑪ 다각화시설　216
　⑫ 팀버　217
섹터별 리츠 동향 정리　219

021　**스타일이 다양한 미국 배당 ETF**　**220**

고배당 ETF　220
배당성장 ETF　222
우선주 ETF　224
리츠 ETF　225
월 배당 ETF　228

022 **미국 배당주 투자 시 참고해야 할 사이트** **231**

배당주 발굴에 적합한 사이트 231

개별 배당주 분석에 적합한 사이트 234

따끈따끈한 배당 발표 소식은 어디서 접할까? 237

[무작정 따라하기] 다음 중 장기적으로 투자할 만한 우량 배당주는? 238

여섯째마당

투자자 맞춤형 배당 포트폴리오 꾸리기

[투자이야기] 어떻게 지속 가능한 투자를 할 것인가? 244

023 **나에게 맞는 배당주 투자 방법은 무엇일까?** **245**

보수적인 투자자를 위한 배당주 투자 246

수익과 안전, 둘 다 추구하는 배당주 투자 247

공격적인 투자자를 위한 배당주 투자 248

024 **배당 포트폴리오 꾸리기** **249**

한국 주식으로 매 분기 배당받는 포트폴리오 꾸리기 249

미국 주식으로 매월 배당받는 포트폴리오 꾸리기 251

[무작정 따라하기] 월 배당받는 포트폴리오 꾸리기 255

001 배당주에 투자해야 하는 이유

002 배당주에 대한 오해

003 배당 기초상식 A-Z

첫째
마당

배당투자 전
준비운동

배당주 투자를 시작할 때 알아야 할 것들

2020년 가을, 직장인 고배당 씨는 동료 직원으로부터 삼성전자 배당에 관한 소식을 들었습니다. 삼성전자가 3년간 쌓아놓은 잉여현금을 한꺼번에 배당의 재원으로 사용한다는 얘기입니다. 주식투자를 직접 하지는 않았지만, 평소 주식에 관심이 많았던 고배당 씨는 이번 기회에 주식에 입문하고자 마음을 먹었습니다. 삼성전자는 대한민국을 대표하는 기업인 데다 배당까지 두둑히 주니 주식투자의 첫발을 내딛는 차원에서 괜찮은 선택이라고 생각했기 때문입니다.

고배당 씨는 삼성전자에 투자하기로 마음을 굳히자 궁금한 점이 생겼습니다. 먼저 HTS에서 삼성전자를 검색해보니 '삼성전자'와 '삼성전자우' 두 가지 주식이 나왔습니다. 이것을 보니 여러 가지가 궁금해졌습니다. 첫 번째는 '둘 중 어느 주식에 투자해야 하지?'라는 것이었고, 다음은 '배당을 받기 위해서는 삼성전자 주식을 언제부터 보유해야 하지?'라는 것이었습니다. 뒤를 이어 '실제 배당금이 내 계좌에 들어오는 기간은 언제지?'와 같은 궁금증이 물밀듯이 밀려왔습니다.

배당주에 중점을 두고 투자하기 위해 고배당씨는 우선 배당주 투자에 대한 기초지식을 쌓기로 했습니다.

배당주에 투자해야 하는 이유

원금을 잃을 가능성이 낮다

기대수익률이 높으면 그만큼 리스크도 크기 마련입니다. 이는 기업의 라이프 사이클(Life Cycle)과 관련이 있습니다. 다음 이미지는 기업의 라이프 사이클과 현금흐름을 보여줍니다. 초기 스타트업은 영업활동으로 돈을 벌어들이지 못합니다. 오히려 나가는 비용만 많죠. 때문에 투자자나 은행으로부터 자금을 조달해야 합니다. 초기 스타트업의 재무활동 현금흐름이 '플러스(유입)'를 기록하는 이유입니다. 돈은 벌지 못하지만 성장을 위한 투자는 필수입니다. 따라서 투자활동 현금흐름은 '마이너스(지출)'를 기록합니다.

정리하면 초기 스타트업의 현금흐름은 영업활동 '마이너스(적자)', 재무활동 '플러스', 투자활동 '마이너스'를 나타냅니다. 이 기간을 스타트업의 데스밸리(Death Valley), 즉 죽음의 계곡이라고 부릅니다.

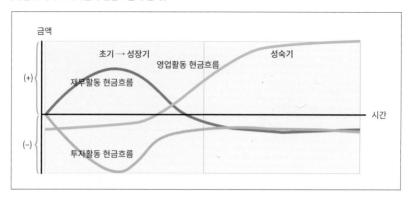

데스밸리를 극복하고 기업이 성장하면 영업활동 현금흐름이 흑자, 즉 '플러스'로 전환됩니다. 고생 끝에 투자의 결실을 맺는 순간입니다. 그러나 이제 막 흑자를 기록했을 뿐이지 여전히 자금 사정은 넉넉하지 않습니다. 본격적인 성장을 위해 과감한 투자도 지속해야 합니다. 이 시기의 기업을 성장기 기업이라고 합니다. 성장기 기업의 현금흐름은 영업활동 '소폭 플러스', 재무활동 '플러스', 투자활동 '마이너스'를 보입니다.

마침내 기업은 크게 성장했고, 해당 산업에서도 상당한 영향력을 끼치게 됩니다. 이제 영업활동으로 충분한 현금이 유입됩니다. 기업의 존속을 위한 투자도 사업으로 번 돈으로 충당하고도 남습니다. 예전처럼 외부에서 자금을 조달할 필요가 없는 것입니다. 때문에 은행으로부터 빌린 돈을 갚고, 투자자들에게도 주주환원의 의미로 배당을 지급할 수 있습니다. 이 시기의 기업을 성숙기 기업이라고 합니다. 성숙기 기업의 현금흐름은 영업활동 '플러스', 재무활동 '마이너스', 투자활동 '마이너스'를 보입니다.

만약 초기 스타트업에 투자해 성공한다면 엄청난 수익을 얻을 수 있습니다. 2019년 12월 배달의민족을 운영하는 '우아한형제들'은 기업가치 4조 7,500억 원에 독일의 '딜리버리히어로'에게 매각되었습니다. 이에 따라 초기 우아한형제들에 투자한 벤처캐피털들은 소위 말해 대박을 터뜨렸습니다. 2012년 3억 원을 투자했던 본엔젤스의 평가액은 2,993억 원(지분 6.3%)으로 무려 1,000배 가까운 수익을 냈습니다. 하지만 엄청난 수익의 이면에는 '매우 낮은 성공확률'이라는 어두운 면이 자리하고 있습니다.

지난 2009년부터 2018년까지 미국 벤처캐피털들의 투자사례를 조사한 결과, 투자원금 대비 3~5배의 수익을 낼 확률은 9%이며 10~20배의 수익을 낼 확률은 3%에 불과했습니다. 반대로 손해를 볼 가능성은 51%였지요. 초기 스타트업에 투자하는 것은 매우 위험하다는 것을 알 수 있습니다.

반면 성숙기 기업은 사업으로 충분한 현금이 유입되고 있고, 부채도 초기 스타트업이나 성장기 기업에 비해서 적습니다. 갚을 돈도 적기 때문에 투자를 하고도 돈이 남는 것입니다. 따라서 이런 기업은 일반적으로 주주들에게 '배당'이란 수단으로 투자금의 일부분을 돌려줍니다.

정리하면 주주들에게 꾸준히 배당을 주는 기업은 현금이 충분한 성숙기 기업일 가능성이 높습니다. 이런 기업에 투자하면 초기 스타트업이나 성장기 기업에 투자하는 것에 비해 성공확률을 높일 수 있습니다. 워런 버핏이 가장 중요하게 생각하는 '원금을 잃지 않는 투자'가 가능한 것입니다.

물론 기대수익률은 초기 스타트업이나 성장기 기업에 투자하는 것에 비해 낮을 수 있습니다. 우아한형제들에 투자해 성공한 벤처캐피털 같은 사례는 성숙기 기업 투자에서는 찾아보기 어렵지요. 그럼에도 대부분의 투자자는 성숙기 기업에 투자할 때 장기적으로 더 높은 수익률을 올릴 수 있습니다.

실제 미국 시가총액 1위 기업인 애플(Apple Inc, AAPL)은 2012년부터 배당금을 지급하기 시작했습니다. 아이폰이 스마트폰 시장 부동의 1위 브랜드로 안착하자 주주들에게 본격적으로 환원을 하기 시작한 것입니다. 이후 매년 배당금을 성장시켰으며 2020년에는 주당 0.8달러의 배당금을 지급했습니다. 8년 만에 배당금이 2배로 늘어난 것입니다. 같은 기간 주가는 무려 8배 넘게 상승했습니다. 재미있는 것은 지난 8년간 애플의 실적은 주가처럼 크게 성장하지 않았다는 사실입니다. 2020년 애플의 매출액은 2,745억 달러로 2012년 대비 75.4% 늘었으며, 같은 기간 영업이익은 662억 달러로 19.9% 증가했습니다. 애플의 미래 성장성, 브랜드 가치 등이 주가에 반영된 결과이지만, 2012년부터 시작한 배당정책도 주가 상승에 한몫했다고 볼 수 있습니다.

│애플 배당금 추이│

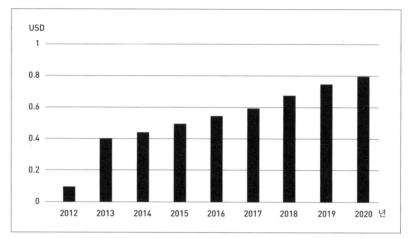

* 출처: 애플

│애플 주가 추이│

* 출처: 키움증권 HTS

웬만해선 손절매를 하지 않는다

워런 버핏이 세계에서 가장 유명한 투자자라고 한다면, 피터 린치는 역사적으로 가장 뛰어난 성과를 낸 펀드매니저입니다. 피터 린치가 운용한 마젤란펀드는 1977년 5월부터 1990년 5월까지 누적 수익률 2,900%를 달성했습니다. 연평균 수익률은 29.2%로 13년간 단 한 해도 마이너스 수익률을 기록하지 않았습니다. 당시 마젤란펀드에 가입한 고객들은 엄청난 부자가 됐을 것이라는 추측이 가능합니다. 그런데 결과는 오히려 정반대였습니다. 피터 린치가 은퇴한 후 펀드 가입자들의 수익률을 조사한 결과 절반 이상이 손해를 본 것입니다. 어떻게 이런 일이 일어났을까요?

간단합니다. 바로 고점에 들어가서 저점에 판 사람들이 많았기 때문입니다. 대다수의 사람들은 펀드 수익률이 좋을 때 가입하고 반대로 부진할 때 환매를 했습니다. 수익률을 높이기 위해서는 쌀 때 사고, 비쌀 때 팔아야 하는데 실상은 정반대로 투자한 것입니다. 주가가 급등할 때 투자하고 싶어지고, 주가가 급락할 때는 팔고 싶어지기 때문입니다. 따라서 주가 변동성이 큰 주식은 장기적으로 높은 상승률을 기록했다 하더라도 실제 그 주식에 투자해서 수익을 낸 투자자는 많지 않습니다.

배당주는 일반 주식에 비해서 주가 변동성이 낮은 편입니다. 특히 주식시장이 급락할 때 상대적으로 덜 하락하는 특징이 있습니다. 지난 2009년부터 2019년까지 주식시장이 급락한 시기에 나타난 월별 코스피 지수, 코스닥 지수, 코스피 고배당 50 지수의 성과를 비교해보면 코스피 고배당 50 지수가 가장 나은 결과를 나타낸 것으로 나타났습니다. 조사 기간에 코스피와 코스닥 양 시장이 월간 기준으로 각각 2% 하락한 시기가 총 23번 발생했는데, 코스피 고배당 50 지수가 가장 양호한 성과를 기록한 횟수는 12번입니다. 이 중 4번은 오히려 플러스 수익률을 기록했습니다.

 알아두세요

코스피 고배당 50 지수

한국거래소가 코스피 시장에 상장된 종목 가운데 배당수익률이 높은 종목을 50개 선정해 산출하는 주가지수. 구체적인 선정 기준은 ① 시가총액 상위 80% 이내, ② 최근 3사업연도 연속 배당, ③ 최근 3사업연도 연속 당기순이익 실현이다. 이러한 기준을 충족한 기업 50개를 선정한다.

배당주가 주식시장 하락 시기에 강한 비결은 배당수익률의 공식에 담겨 있습니다.

배당수익률 = 주당배당금 / 현재 주가

위 공식을 보면 현재 주가가 낮아질수록 배당수익률은 올라갑니다. 즉 주식시장이 급락하면 배당주 주가도 하락하지만 동시에 배당수익률이 높아집니다. 따라서 배당주의 매력이 부각되면서 매수세가 유입돼 상대적으로 덜 하락하는 것입니다. 이는 투자자로 하여금 손해를 본 상태에서 주식을 팔아치우는 '손절매'를 방지하는 데에 도움을 줍니다.

| 주식시장 급락 시기의 코스피, 코스닥, 코스피 고배당 50 지수 월별 수익률 비교(2009~2020년) | (단위: %)

	KOSPI	KOSDAQ	코스피 고배당 50
2009년 10월	-5.5	-3.9	-2.7
2010년 1월	-4.8	-3.3	-3.8
2010년 5월	-5.8	-6.6	1.7
2011년 2월	-6.3	-3.2	-5.5
2011년 5월	-2.3	-5.2	-3.7
2011년 8월	-11.9	-7.9	-6.8
2011년 9월	-5.9	-8.9	-6.3
2012년 10월	-4.2	-3.0	1.0
2013년 6월	-6.9	-10.2	-5.2
2014년 10월	-2.8	-2.5	0.2
2015년 7월	-2.1	-2.3	-1.4
2015년 8월	-4.4	-5.2	-5.9
2018년 2월	-5.4	-6.2	-6.8
2018년 6월	-4.0	-7.0	-4.3
2018년 10월	-13.4	-21.1	-8.2
2018년 12월	-2.7	-2.9	-2.9
2019년 5월	-7.3	-7.7	-5.0
2019년 7월	-5.0	-8.7	-4.2
2019년 8월	-2.8	-3.1	-3.2

2020년 1월	-3.6	-4.1	-7.1
2020년 2월	-6.2	-4.9	-8.6
2020년 3월	-11.7	-6.8	-14.9
2020년 10월	-2.6	-6.5	2.7

* 표에서 음영이 들어간 것은 월 수익률이 가장 선방한 지수를 나타낸 것입니다.
* 출처: 한국거래소

투자자들의 손에 현금을 쥐어주는 것도 주식을 계속 보유하도록 유도합니다. 일반적으로 기업은 1년에 4번까지 배당을 할 수 있으며, 미국 리츠의 경우 매월 배당을 하는 종목도 있습니다. 아무래도 투자자들에게 아무것도 주지 않는 주식과 꾸준히 배당을 지급하는 주식은 다를 수밖에 없습니다. 둘 중 하나를 팔아야 한다면 배당을 주지 않는 주식을 팔 가능성이 높지요.

우량주에 투자한다면 장기적으로 종합주가지수 상승률을 뛰어넘는 수익률을 낼 수 있습니다. 이런 차원에서 배당주는 주식을 오래 보유하도록 유도해 투자자가 장기적으로 양호한 성과를 얻을 수 있도록 도와줍니다.

현금은 신뢰할 수 있다

잊을 만하면 여지없이 등장해 투자자들을 당황하게 만드는 이슈가 있습니다. 바로 흑자를 내고 있는 기업의 분식회계 사건입니다. 분식회계는 회사의 실적을 좋게 보이려고 회계장부를 의도적으로 조작하는 행위를 말합니다. 대표적으로 매출이 발생한 것으로 간주해 실적을 부풀리는 방법, 비용을 의도적으로 줄여 이익을 늘리는 방법이 있습니다. 이 경우 회사는 적자임에도 흑자를 낸 것처럼 보입니다.

문제는 개인투자자뿐만 아니라 전문투자자 역시 기업의 분식회계 정황을 파악하기 어렵다는 점입니다. 그러나 기업이 조작하기 힘든 부분이 있는데, 바로 현금흐름입니다. 회사의 장부는 조작해도 은행에서 관리하는 통장의 입출금 내역은 조작하기 어렵습니다. 분식회계를 저지른 대부분의 기업은 영업이익이나 순이익은 흑자임에도, 현금흐름은 마이너스인 경우가 많습니다.

배당은 단순히 기업이 흑자를 내고 있다고 해서 지급할 수 있는 것이 아닙니다. 영업활동으로 벌어들인 돈이 사내에 충분히 쌓여있어야 가능합니다. 장부를 조작하는 기업은 실적이 부진하며 자금 사정이 넉넉하지 못한 경우가 대부분입니다. 분식회계를 저지르는 기업은 배당을 지급할 여건이 되지 않는다는 의미입니다. 따라서 꾸준히 배당을 지급하는 배당주에 투자하는 것만으로 장부를 조작하는 위험한 기업을 걸러낼 수 있습니다.

배당은 메가트렌드다

알아두세요

배당성향
기업이 남긴 순이익에서 얼마를 배당하는지 파악하는 지표로 '배당총액/순이익'으로 계산한다.

불과 3년 전만 하더라도 한국 증시는 배당 꼴찌라는 오명을 안고 있었습니다. 블룸버그와 삼성증권에 따르면 한국 증시의 배당성향은 17.53%로 G20 국가 중 가장 낮았습니다. 호주, 영국, 이탈리아, 대만은 배당성향이 50%가 넘었으며, 중국(31.40%)과 일본(29.76%)도 한국보다 높았지요. 주식회사를 개인 소유의 회사로 여기는 오너일가가 많은 것이 주된 이유로 꼽힙니다.

이러했던 한국 증시가 달라지고 있습니다. 통계청에 따르면 2017년 17.5%에 머물던 한국 증시의 배당성향은 2019년 27.3%까지 대폭 높아졌습니다. 2020년 역시 20%를 넘을 것으로 기대됩니다. 삼성전자, POSCO 등 분기 배당을 지급하는 기업이 늘었으며, 매년 배당금을 성장시키는 기업도 출연하고 있기 때문입니다. 한국 기업들이 점점 배당에

| 코스피 상장사 배당성향 |

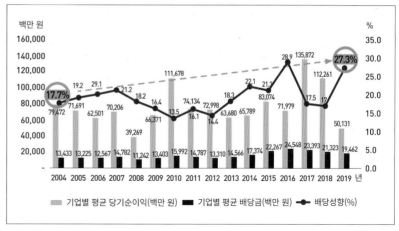

* 출처: 한국거래소

후해지는 이유는 대표적으로 지배구조 개편, 전문투자자의 주주환원 요구, 성숙기 산업으로의 진입을 꼽을 수 있습니다.

과거 우리나라의 대기업 대부분이 순환출자를 통해 사업을 확장했습니다. 순환출자란 A회사가 B회사 지분을, B회사는 C회사 지분을, C회사는 D회사의 지분을, 다시 D회사는 A회사 지분을 보유하는 등 출자 구조가 빙글빙글 도는 것을 의미합니다. 순환출자는 적은 지분으로 많은 계열사를 지배할 수 있어 그룹을 키우기에 유리합니다. 다만 한 회사에 문제가 생기면 다른 회사의 건전성도 악화될 수 있고, 가공의결권을 형성한다는 점에서 끊임없이 문제가 제기되었습니다. 이에 법 개정을 통해 순환출자를 방지하고 있으며, 대기업 집단 역시 순환출자 고리를 끊는 작업을 진행 중입니다.

순환출자를 해소하는 대표적인 방법은 지주회사 체제로 전환하는 것입니다. 지주회사 체제란 지주회사가 나머지 자회사들의 지분을 거느리는 방식으로 지배구조를 확립하는 것입니다. 오너일가 입장에서는 지주회사 지분만 보유하면 나머지 그룹사 전체를 지배할 수 있습니다. 이 경우 자연스럽게 지주회사는 배당에 적극적일 수밖에 없습니다. 오너일가의

 알아두세요 ━━━

가공의결권

대주주가 지배하고 있는 회사를 통해 다른 회사의 의결권을 행사하는 것. 대주주가 특정 회사의 주식을 갖고 있지 않지만, 계열사 출자를 통해 간접적으로 의결권을 갖는 것을 말한다.

주 소득원은 지주회사에서 나오는 배당금이기 때문입니다.

전문투자자의 주주권 행사도 국내 기업들의 배당성향을 높이는 이유입니다. 2016년 우리나라에서는 스튜어드십 코드(Stewardship Code)가 도입이 되었습니다. 스튜어드십 코드란 기관 투자가가 수탁자로서 적극적인 의결권 행사 등의 책임을 다하도록 유도하기 위해 규정한 자율 규범입니다.

국내 가장 큰손인 국민연금은 2018년부터 스튜어드십 코드를 도입했습니다. 2020년 2월부터 국민연금은 '주식 등의 대량보유상황보고서'를 제출할 때 주주권을 행사하기 위해 보유 목적을 '일반 투자'로 제시하고 있습니다. 과거 국민연금이 주주권을 행사하기 위해서는 보유 목적을 '경영 참여'로 설정해야 했습니다. 이 경우 보고 특례가 사라져 까다롭고 번거로운 절차를 수행해야 했습니다. 전문투자자의 주주권 행사가 간소화되면서 상장사들은 더이상 주주환원 활동을 경시할 수 없게 되었습니다.

기업의 라이프 사이클상 성숙기 진입 역시 주주환원 움직임을 재촉하는 요인입니다. 2021년 3월 정기 주주총회 자리에서 SK텔레콤은 지배구조 개편과 자회사들의 상장, 분기 배당정책을 실시한다고 밝혔습니다. 보다 적극적인 주주환원을 시행하겠다는 의지를 내비친 것입니다.

SK텔레콤이 속한 통신 산업은 2000년대 초반까지만 하더라도 인터넷 혁명의 최대 수혜 산업이었습니다. 당대 최고의 성장주로 통신 기업들이 꼽힌 것은 당연했습니다. 그러나 인터넷 보급률이 높아지자 통신 기업들은 더 이상 매력적인 성장주가 아니게 되었습니다. 만년 저평가 상태인 가치주일 뿐입니다. 기업의 라이프 사이클 관점에서 성장기를 지나 성숙기에 다다르는 것은 어찌 보면 당연한 현상입니다. 성장이 힘든 기업은 주주환원을 통해 주식의 가치를 높일 수 있습니다. 배당이 성숙기 기업의 주가 부양을 위한 선택이 아닌 필수인 이유입니다.

배당은 주가 상승의 신호탄

주식시장에서 가장 좋아하는 투자 아이디어 중 하나는 변화입니다. 실적이 드라마틱하게 개선되거나 유망 산업에 진출하거나 대주주가 변경되면 주가 역시 긍정적으로 반응하는 경향이 있습니다. 배당정책의 변화도 이 중 하나입니다. 배당정책의 변화는 크게 배당금의 변화, 배당지급주기의 변화로 구분할 수 있는데요. 예를 들면, 메리츠금융지주가 2020년 주당배당금을 900원으로 책정했습니다. 배당수익률은 2020년 말 주가 기준으로 무려 9.17%에 달합니다. 원래도 고배당주였지만 배당금을 63.6% 인상하면서 주가가 크게 올랐습니다. 배당공시 발표일인 2월 8일 주가는 10,150원으로 마감했지만, 이후 꾸준히 올라 3월 31일 17,200원에 도달했습니다.

| 메리츠금융지주 배당에 관한 사항 |

	2016	2017	2018	2019	2020
주당배당금(원)	300	520	470	550	900
배당수익률(%)	2.70	3.46	4.07	4.66	9.17
배당성향(%)	16.68	19.41	20.62	18.61	24.19

• 출처: 네이버금융, 메리츠금융지주

| 메리츠금융지주 주가 추이 |

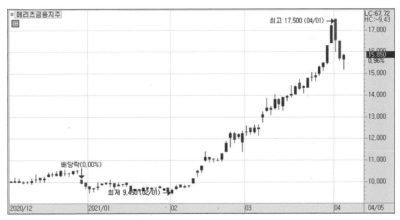

• 출처: 키움증권 HTS

시멘트 제조업체 쌍용C&E는 배당지급주기가 드라마틱하게 바뀐 케이스입니다. 2016년까지만 하더라도 쌍용C&E에서는 배당의 흔적을 찾아볼 수 없었습니다. 그런데 2017년 2월 최초로 결산배당을 공시했으며, 그해 2분기부터 매 분기 배당을 지급하기 시작했지요. 배당정책의 변화가 감지되자 주가는 빠르게 반응했습니다. 2017년 3,000원 내외에서 거래되던 주가는 2018년 한때 9,000원을 돌파하기도 했습니다.

메리츠금융지주와 쌍용C&E 사례에서 알 수 있는 것은 배당정책의 변화가 주가 재평가의 단초를 제공한다는 점입니다.

| 쌍용C&E 배당에 관한 사항 |

	2016	**2017**	**2018**	**2019**	**2020**
주당배당금(원)	32	214	370	420	440
배당수익률(%)	1.08	5.74	5.88	7.41	6.59
배당성향(%)	16.21	34.97	127.81	162.48	160.42

* 출처: 네이버금융, 쌍용C&E

| 쌍용C&E 주가 추이 |

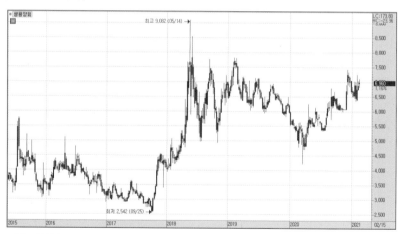

* 출처: 키움증권 HTS

월세보다 월 배당주

주식투자 대비 부동산 투자의 장점으로 안정성을 꼽습니다. 주식처럼 시세가 급변하지 않고 주기적으로 임대료 수익이 발생하기 때문에 꾸준히 안정적으로 투자하기에 적합하다는 것입니다. 그런데 부동산만 따박따박 임대료 수익이 발생하는 것은 아닙니다. 특히 미국 배당주는 월 배당까지 지급하는 종목이 많습니다. 게다가 매년 배당금을 성장시키는 배당성장주가 700여 곳(5년 연속 배당금을 증가시킨 기업의 수)이 넘습니다.

미국 전역에 6,500개가 넘는 부동산을 운영하는 리테일 리츠 리얼티인컴(Realty Income Corporation, O)은 월 배당을 지급하면서도 매년 배당금을 인상시키는 주식으로 유명합니다. 리얼티인컴은 1994년부터 2020년까지 26년간 배당금을 늘렸습니다. 연평균 배당금 성장률은 4.4%입니다. 알짜 부동산과 비교해봐도 전혀 뒤처지지 않는 투자처입니다. 배당 투자 매력이 부각되면서 리얼티인컴의 주가 역시 꾸준히 우상향하고 있습니다.

| 리얼티인컴 배당급 지급 현황 |

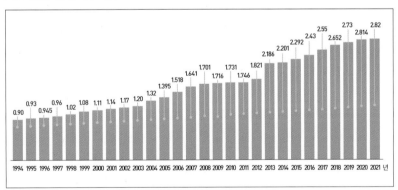

* 출처: 리얼티인컴, 단위: 달러

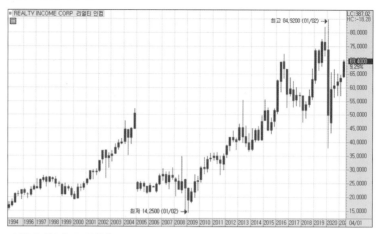

* 2005년 1월 2 대 1로 주식분할
* 출처: 키움증권 HTS

 알아두세요 ━━

VIG

NASDAQ US Dividend Achievers Select Index를 따라 움직이는 ETF로 10년 이상 배당금을 꾸준히 늘린 배당성취자 종목에 투자한다.

배당주의 가격 상승률 역시 부동산을 앞지릅니다. 미국 대표 배당성장주인 Vanguard Dividend Appreciation ETF(VIG) 주가는 2006년 4월 말부터 2021년 3월 말까지 194% 올랐습니다. 같은 기간 KB부동산에서 산출한 서울 아파트 매매가격 지수는 89%, 전국 아파트 매매가격 지수는 73% 오르는 데 그쳤습니다. 가격 변동성이 큰 것을 제외하곤 모든 면에서 배당주가 부동산에 비해 유리합니다.

| VIG와 서울/전국 아파트 매매가격 지수 비교 |

* VIG가 상장한 월(2006년 4월) 말일을 100으로 놓고 지수화
* 출처: Vanguard, KB부동산

배당주 투자의 장점은 뭐니 뭐니 해도 소액투자가 가능하다는 점입니다. 단돈 몇 백만 원만 갖고 있어도 분기, 월 배당을 받는 포트폴리오를 꾸릴 수 있습니다. 금수저 또는 소위 대박이 난 사람이 아니면 이룰 수 없는 건물주의 꿈을 누구나 배당주로 실현할 수 있는 것입니다.

노후 대비 차원에서도 배당주의 매력은 큽니다. 최소 10년간 꾸준히 배당금을 성장시킨 종목은 우량주일 가능성이 높습니다. 10년이면 경기 사이클이 2번 정도 진행됩니다. 호황과 불황을 2번 반복한다는 얘기입니다. 2번의 경기 사이클을 겪으면서도 배당금을 늘렸다는 것은 그만큼 경쟁력이 있고 안정적인 사업모델을 지녔다는 의미로 해석할 수 있습니다. 이런 배당주에 꾸준히 투자한다면 주기적으로 발생하는 현금흐름으로 안정적인 생활이 가능할 것입니다. 주가 상승에 따른 자산가치 상승은 덤입니다.

배당으로 복리수익률 극대화

투자에 있어 복리는 빼놓을 수 없는 개념입니다. 복리란 중복된다는 뜻의 한자 복(復)과 이자를 의미하는 리(利)의 합성어입니다. 한마디로 복리는 이자의 이자가 붙는다는 뜻입니다. 따라서 투자 기간이 길면 길수록 복리 효과로 투자수익률은 극대화됩니다. 천재 과학자 아인슈타인은 복리를 인류 최고의 발명품으로 꼽았고 석유왕 록펠러는 세상의 8대 불가사의라고 언급한 바 있습니다.

복리의 단골 사례로 등장하는 것이 맨해튼(Manhattan)을 판 인디언 얘기입니다. 지금으로부터 약 400년 전인 1626년 뉴욕에 살던 인디언들은 네덜란드 이민자들에게 맨해튼을 판 대가로 24달러 상당의 유리구슬을 받았습니다. 혀를 내두를 정도로 헐값에 팔아 치운 것입니다. 그런데 이

24달러를 투자해 지금까지 매년 7%의 수익률을 기록했다면 과연 투자금은 얼마로 불었을까요? 만약 단리로 계산한다면 686달러에 불과합니다. 그러나 복리로 계산할 경우 무려 9조 달러에 달합니다. 미국 GDP의 절반에 육박하는 수준입니다. 그만큼 투자에 있어서 복리 효과를 누리는 것은 무엇보다 중요합니다.

복리 효과를 더욱 키울 수 있는 투자대상은 배당주입니다. 배당금을 받기만 한다면 단리 수익률에 그치지만, 배당금을 재투자한다면 시간이 지날수록 복리 효과는 극대화됩니다. 1626년 인디언이 24달러를 주식에 투자해 매년 7%의 주가상승률과 1%의 배당수익률을 얻었다고 가정해 봅시다. 만약 수령한 배당금을 재투자했다면 투자금은 얼마나 불었을까요? 놀랍게도 354조 달러입니다. 400여 년의 시간 동안 1% 배당수익률의 복리 효과로 극대화된 결과입니다.

배당주 투자의 장점 7가지

① 원금을 잃지 않을 가능성이 높다.

② 성숙기 기업에 투자할 때 장기적으로 더 높은 수익률을 올릴 수 있다.

③ 배당주는 주식을 오래 보유하도록 유도해 투자자가 장기적으로 양호한 성과를 얻을 수 있도록 도와준다.

④ 스튜어드십 코드 도입 등 주주환원에 대한 움직임이 커지고 있다.

⑤ 배당은 주가 재평가의 단초를 제공한다.

⑥ 미국 배당주를 활용하면 월세처럼 배당금을 매달 수령할 수 있다.

⑦ 배당주로 복리 수익률을 극대화할 수 있다.

배당주에 대한 오해

배당주 투자는 따분하다?

배당주는 일반적으로 주가변동성이 낮습니다. 실적이 꾸준한 필수소비
재 기업이 많기 때문입니다. 그래서 배당주는 주가가 하락하면 배당수
익률이 높아지기 때문에 주식시장이 불안할 때 투자자들의 피난처 역할
을 하기도 합니다. 반대로 상승장이 찾아오면 배당주는 상대적으로 소
외될 수 있습니다. 투자자들의 관심이 안정적인 배당주보다는 단기간에
주가가 크게 오를 만한 주식으로 쏠리기 때문입니다. 그렇다면 배당주
의 주가는 좀처럼 잘 오르지 않고 따분하기만 할까요? 아래는 폐기물 처
리 업체 코엔텍의 주가 추이입니다.

|코엔텍 주가 추이와 배당공시 시점|

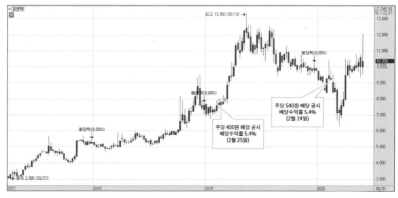

* 출처: 키움증권 HTS, 전자공시시스템

2018년 10월까지만 하더라도 코엔텍의 주가는 6,000원을 좀처럼 돌파하지 못했습니다. 그런데 2019년 5월 한때 주가가 13,950원까지 상승했습니다. 2019년 2월 발표한 배당공시가 주가에 긍정적인 영향을 미친 것으로 해석됩니다. 코엔텍은 2019년 2월 25일 주당 400원의 배당금을 결정했다고 공시했습니다. 시가배당률은 5.4%입니다. 당시 시중은행 예금 금리가 2%대인 것을 감안하면 상당한 수준입니다. 2020년에도 코엔텍은 주당 540원(시가배당률 5.4%)의 배당금을 책정한다고 밝혔습니다. 배당 증가가 주가 재평가의 단초가 된 사례입니다. 이처럼 배당금을 크게 늘리는 종목을 찾는 방법은 셋째마당의 '11. 사모펀드가 주인인 기업'에서 자세히 알아보겠습니다.

배당주 투자는 배당금이 주요 수익이다?

배당주 투자의 주 수익원은 무엇일까요? '배당금'일까요? 만약 예적금이나 채권에 투자한다면 정기적으로 지급되는 '이자'가 주 수익원일 것입니다. 그러나 배당주는 다릅니다. 배당주는 어디까지나 주식에 투자하는 것이기 때문입니다. 우량한 배당주는 배당금을 지급하면서 주가도 꾸준히 상승합니다. 특히 배당금이 꾸준히 증가하는 배당성장주의 경우 주가상승률이 높습니다. 배당금을 꾸준히 늘리기 위해서는 실적 성장이 담보되어야 하기 때문입니다.

최근 10년(2011년 1월~2020년 12월)간 코스피 고배당 50 지수는 연평균 4.8%, 코스피 배당성장 50 지수는 8.8% 상승했습니다. 배당수익률이 코스피 고배당 50 지수 편입 종목은 4% 내외, 코스피 배당성장 50 지수 편입 종목은 2% 내외인 것을 감안하면 주가 상승으로 인한 수익률이 배당수익률과 비슷하거나 더 큰 셈입니다.

알아두세요

코스피 배당성장 50 지수

코스피 기업 중 ① 5년 평균 배당성향 60% 미만, 5년 연속 순이익 흑자, ② 7년 연속 배당 및 최근 주당배당금 7년 평균보다 증가, ③ 평균 시가총액 상위 50%, 거래대금 상위 70% 이내 종목을 선별해 주당순이익(ESP) 성장률 순으로 50종목을 선정한다.

| 주요 배당 지수 추이 |

* 출처: 한국거래소

미국 배당주도 마찬가지입니다. 미국의 대표 고배당 ETF인 Vanguard High Dividend Yield ETF(VYM)의 지난 10년 연평균 상승률은 8.0%, 배당성장 ETF인 Vanguard Dividend Appreciation Index Fund ETF(VIG)의 연평균 상승률은 10.3%입니다. 두 ETF 모두 배당수익률보다는 주가상승률이 더 높았습니다.

| 주요 미국 배당 ETF 주가 추이 |

알아두세요

VYM

FTSE High Dividend Yield Index를 추종하는 ETF로 리츠를 제외한 미국 고배당 주식에 투자한다.

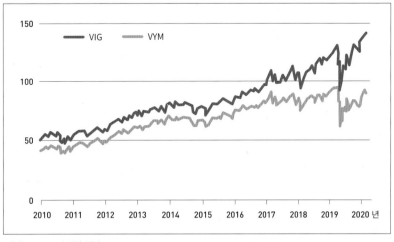

* 출처: Vanguard, 단위: 달러

따라서 배당주 투자는 일반적으로 주가 상승에 따른 수익률이 배당수익률보다 큽니다. 또한 꾸준히 주가가 상승한다는 것은 해당 주식의 실적도 성장한다는 의미입니다. 배당은 기업의 실적에서 나오는 만큼 장기적으로 실적이 성장하는 기업은 배당금을 꾸준히 늘릴 수 있습니다. 따라서 무조건 배당수익률이 높은 기업보다는, 배당수익률이 시중은행 금리를 상회하면서 꾸준히 성장하는 기업을 고르는 편이 낫습니다. 당장 배당수익률이 높지 않더라도 배당금 성장률이 높을 것으로 기대되는 주식 말입니다. 이런 기업에 투자했을 때 투자금이 크게 불어날뿐더러 투자원금 대비 배당수익률도 점점 높아집니다.

글로벌 석유 에너지 기업 로얄더치쉘(Royal Dutch Shell plc, RDS.A)의 2011년 주당배당금은 3.36달러, 배당수익률은 4.60%를 기록했습니다. 같은 시기 글로벌 소프트웨어 기업인 마이크로소프트(Microsoft Corp, MSFT)의 주당배당금은 0.61달러, 배당수익률은 2.30%입니다. 정확히 로얄더치쉘의 배당수익률이 마이크로소프트의 2배입니다. 그런데 9년이 지난 2020년 로얄더치쉘의 주당배당금은 1.91달러로 줄었으며, 마이크로소프트는 1.99달러로 3배 넘게 성장했습니다. 2011년 두 기업에 투자해 지금까지 보유했다면, 투자원금 대비 배당수익률은 로얄더치쉘이 2.61%, 마이크로소프트가 7.50%입니다. 과거에는 마이크로소프트의 배당수익률이 로얄더치쉘의 절반 수준이었지만, 2020년에 와서는 3배나 앞서게 된 것입니다. 주가 차이는 더욱 극명합니다. 마이크로소프트는 지난 10년간 주가가 10배가량 상승했지만 로얄더치쉘은 오히려 하락했습니다.

| 로얄더치쉘 주당배당금 추이 |

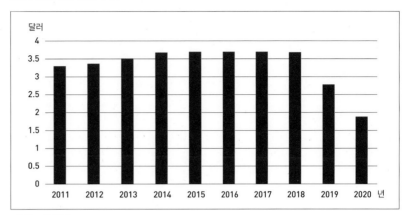

* 출처: 로얄더치쉘

| 로얄더치쉘 주가 추이 |

* 출처: 키움증권 HTS

| 마이크로소프트 주당배당금 추이 |

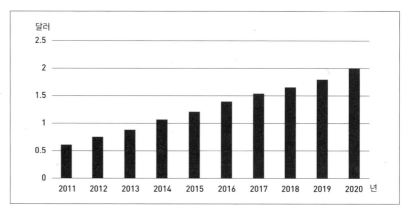

* 출처: 마이크로소프트

| 마이크로소프트 주가 추이 |

* 출처: 키움증권 HTS

배당 기초상식 A-Z

배당, 얼마나 알고 있을까? 셀프 체크리스트

워런 버핏은 투자를 종종 야구경기에 빗대어 설명했습니다. 타자가 마운드에 서서 좋은 공이 올 때까지 기다리는 것처럼 투자자 역시 좋은 기업을 발굴할 때까지 참아야 한다고 말했지요. 타자는 스트라이크 존에 정확히 꽂히는 공을 향해 배트를 휘둘렀을 때 홈런을 칠 가능성이 높습니다. 마찬가지로 투자자는 우량주를 잘 선별해 투자하면 큰 수익을 낼 수 있습니다.

다만 경기에 참가하기 앞서 준비운동이 필수이듯, 투자에 앞서 필요한 지식은 꼭 습득해야 합니다. 그런 차원에서 투자자 스스로 배당에 대한 지식을 얼마나 알고 있는지 점검해볼 필요가 있습니다.

| 배당 관련 기초상식 테스트 |

번호	체크리스트
1	배당 관련 용어인 배당총액, 주당배당금, 배당수익률, 시가배당률의 차이는?
2	1년 동안 배당 가능한 횟수는?
3	배당을 받기 위해선 언제까지 주식을 매수해야 할까?
4	현금배당과 주식배당의 차이는?
5	배당성향의 정의는?
6	순이익이 적자면 배당이 가능할까?

7	배당금이 실제 지급되는 시점은?
8	배당에 대한 정보를 확인하는 필수 사이트는?

배당용어 정복: 배당총액, 주당배당금, 배당수익률, 시가배당률

배당총액은 말 그대로 기업이 주주들에게 지급한 배당의 총액입니다. 주당배당금(DPS, Dividend Per Share)은 배당총액을 주식수로 나눈 것으로 1주당 받을 수 있는 배당금입니다. 참고로 모든 주식에 배당이 부여되는 것은 아닙니다. 회사가 보유한 자사주의 경우 배당금이 지급되지 않습니다. 자사주를 지속적으로 매입하는 기업의 경우 배당총액이 동일하다면 주당배당금이 늘어날 수 있습니다.

배당수익률은 주당배당금을 주가로 나눠 계산합니다. 가령 주당배당금이 500원, 주가가 1만 원이면 배당수익률은 5%입니다. 배당수익률은 예금이자율과 비슷한 개념입니다. 주식 투자원금은 은행에 예치한 돈으로 볼 수 있으며, 배당금은 이자로 간주할 수 있습니다. 물론 주식투자금은 예금과 달리 투자원금이 언제든지 바뀔 가능성이 있습니다.

시가배당률은 배당수익률과 같은 개념입니다. 배당수익률은 시시각각 변하는 주가에 따라 달라집니다. 따라서 배당공시 원문에는 특정 주가를 기준으로 배당수익률을 나타낸 시가배당률이 기재되어 있습니다. 시가배당률의 기준이 되는 주가는 배당기준일로부터 2영업일 전부터 과거 1주일간 종가를 산술평균한 값입니다. 이 책에서는 시가배당률, 배당수익률 용어를 혼용하지 않고 배당수익률로 통일해 사용합니다.

1년에 배당 가능한 횟수는?

배당으로 월세를 받는다거나 월급을 받을 수 있다는 얘기를 종종 들어 봤을 겁니다. 여기에서 드는 궁금증은 '아니, 매월 배당을 주는 주식도 있나?'입니다.

미국 리츠(REITs), 부동산 투자회사들 중에서 매월 배당을 하는 곳이 있습니다. 그러나 부동산 관련 회사만 투자하면 투자자 입장에서 선택지가 너무 좁습니다. 부동산 경기가 안 좋을 때 수익률이 저조할 가능성도 있으니까요. 따라서 현실적으로 월 배당 포트폴리오를 꾸리는 방법은 배당지급월이 다른 다양한 주식을 편입시키는 것입니다.

이론적으로 3개의 주식만 있으면 월 배당 포트폴리오를 꾸릴 수 있습니다. 배당지급월이 A주식은 1월, 4월, 7월, 10월, B주식은 2월, 5월, 8월, 11월, C주식은 3월, 6월, 9월, 12월인 경우가 그렇습니다.

|매 분기 배당을 지급하고 배당기준월이 다른 3개의 주식으로 월 배당 포트폴리오 꾸리기|

주식명	1월	2월	3월	4월	5월	6월	7월	8월	9월	10월	11월	12월
A주식	■			■			■			■		
B주식		■			■			■			■	
C주식			■			■			■			■

* 참고: 주황색 음영은 배당지급월

한국은 상장기업의 98%가 12월 결산법인입니다. 게다가 매 분기마다 배당을 지급하는 업체도 손에 꼽습니다. 따라서 한국 주식으로는 매월 배당금을 주는 포트폴리오를 꾸릴 수 없습니다. 반면 미국 주식은 한국에 비해 상장기업 수도 훨씬 많은 데다, 매 분기마다 배당금을 지급하는 업체가 많고 결산월도 다양합니다. 따라서 미국 주식을 활용하면 쉽게 매월 배당금을 받는 포트폴리오를 꾸릴 수 있습니다.

배당을 받으려면 언제까지 주식을 매수해야 할까?

매년 12월 마지막 주가 되면 투자자들이 궁금해하는 것이 배당을 받기 위해서 언제까지 주식을 사야 하는지입니다. 배당을 받으려면 배당기준일에 해당 주식을 보유해야 합니다. 12월 결산법인의 기말 배당기준일은 12월 31일입니다. 그렇다면 12월 31일에 주식을 사면 배당을 받을 수 있을까요?

주식은 온라인 쇼핑과 유사합니다. 사는 즉시 내 것이 되지만, 실물을 인도받기까지 일정 기간이 소요됩니다. 주식도 마찬가지입니다. 매수 주문이 체결(체결일)되어도 실제 주식이 결제되는 시점(결제일)은 주식을 매수한 날로부터 2영업일 후입니다. 영업일 기준이기 때문에 주말이나 공휴일이 끼어있다면 해당일을 제외하고 2일 후입니다. 따라서 배당을 받기 위해서는 12월 28일까지 해당 주식을 보유해야 합니다. 29일에는 배당을 받을 권리가 사라지며 배당락이 발생합니다.

분기 배당도 마찬가지입니다. 배당기준일은 해당 분기의 마지막 거래일이며, 배당기준일의 2영업일 전에는 주식을 보유해야 분기 배당을 받을 수 있습니다.

알아두세요

배당락

배당기준일 전 영업일로 배당을 받을 권리가 사라지는 날. 투자자가 배당을 받기 위해서는 배당락 전일까지 주식을 보유해야 한다.

| 2021년 12월 배당 관련 일정 |

일요일	월요일	화요일	수요일	목요일	금요일	토요일
			1	2	3	4
5	6	7	8	9	10	11
12	13	14	15	16	17	18
19	20	21	22	23	24	25
26	27	28 마지막 매수일	29 배당락	30	31 배당기준일	

한편 실제 배당을 받는 날짜는 기말 배당의 경우 정기 주주총회일을 기점으로 한 달 내입니다. 정기 주주총회는 결산월을 기점으로 3개월 내에

알아두세요

주주총회

주주가 모여 회사의 중대한 사안을 정하는 의사결정회의이다.

 알아두세요

이사회 결의

주주총회에서 선임된 법률상 등기이사들이 모여 중간배당, 사채의 발행 등 회사의 주요 안건을 정하는 것. 이사회 결의를 위해서는 전체 이사의 과반수가 출석해야 하며, 출석 이사의 과반수가 동의해야 한다.

개최됩니다. 12월 결산법인 대부분은 3월에 주주총회를 열고 있습니다. 따라서 자연스럽게 4월이 배당지급시기가 됩니다.

분기 배당지급일은 좀 다릅니다. 분기 배당금은 이사회 결의일을 기준으로 20일 내에 지급해야 합니다. 이사회에서 배당금 지급을 결의한다면 곧바로 공시를 하게 되어 있습니다. 따라서 분기 배당금은 배당금 공시가 발표되는 날을 기점으로 20일 이내에 지급됩니다.

마지막으로 배당 관련 일정을 간단하게 정리해보겠습니다. 먼저 결산배당입니다. 12월 결산법인의 배당기준일은 12월 31일입니다. 배당락은 배당기준일로부터 1영업일 전(T-1)입니다. 31일은 휴장이기 때문에 주말이 아니라면 29일이 배당락이 됩니다. 배당공시는 정기 주주총회일까지 하면 됩니다. 따라서 빠르면 12월, 늦으면 정기 주주총회일(통상 3월 중순~말)에 배당공시를 하는 기업도 있습니다. 배당금은 정기 주주총회일로부터 1개월 이내에 지급됩니다. 늦어도 4월 안에는 배당금을 받을 수 있습니다.

분기 배당은 해당 분기의 말일이 배당기준일입니다. 가령 12월 결산법인의 2분기 배당기준일은 6월 30일입니다. 배당락은 1영업일 전인 29일(휴장일이 아닐 경우)입니다. 분기 배당은 이사회 결의일로부터 20일 내에 지급됩니다. 통상 배당공시는 의사회 결의일 또는 의사회 결의일 다음 날 나옵니다. 2분기 배당을 하기 위해서는 빠르면 6월, 늦어도 8월까지는 배당공시를 해야 합니다.

현금배당과 주식배당의 차이는?

투자자에게 친숙한 배당은 현금배당입니다. 말 그대로 회사가 주주들에게 현금으로 배당금을 지급합니다. 그런데 종종 현금배당이 아닌 주식으로 배당을 지급하는 기업이 있습니다. 삼성전자와 셀트리온의 배당공시를 살펴보겠습니다.

|삼성전자 현금·현물배당 결정|

1. 배당구분		결산배당
2. 배당종류		현금배당
– 현물자산의 상세내역		–
3. 1주당 배당금(원)	보통주식	1,932
	종류주식	1,933
– 차등배당 여부		미해당
4. 시가배당률(%)	보통주식	2.6
	종류주식	2.7
5. 배당금총액(원)		13,124,259,877,700
6. 배당기준일		2020-12-31
7. 배당금지급 예정일자		–
8. 주주총회 개최여부		개최
9. 주주총회 예정일자		–
10. 이사회 결의일(결정일)		2021-01-28
– 사외이사 참석여부	참석(명)	6
	불참(명)	0
– 감사(사외이사가 아닌 감사위원) 참석여부		참석

• 출처: 전자공시시스템, 기준일: 2021. 1. 28.

|셀트리온 주식배당 결정|

1. 1주당 배당주식수(주)	보통주식	0.02
	종류주식	–
2. 배당주식총수(주)	보통주식	2,675,697
	종류주식	–
3. 발행주식총수	보통주식	134,997,805
	종류주식	–
4. 배당기준일		2020-12-31
5. 이사회 결의일(결정일)		2020-12-16
– 사외이사 참석여부	참석(명)	4
	불참(명)	1
– 감사(사외이사가 아닌 감사위원) 참석여부		–

• 출처: 전자공시시스템, 기준일: 2020. 12. 16.

먼저 삼성전자의 2020년 결산배당공시를 살펴보겠습니다. 보통주 1주
당 1,932원, 우선주(종류주식)의 경우 1주당 1,933원의 배당금을 지급한
다는 내용입니다. 보통주의 시가배당률은 2.6%, 우선주는 2.7%입니다.

이번에는 셀트리온의 배당공시를 보겠습니다. 셀트리온의 경우 1주당
배당주식수가 0.02입니다. 즉 1주를 보유하고 있으면 0.02주를 지급한
다는 내용입니다. 현금이 아닌 주식으로 말이죠. 그렇다면 배당수익률
은 2%일까요? 투자자의 자산이 2% 늘어나는 것일까요?

공시 본문만 보면 당연히 그럴 것 같지만 사실은 다릅니다. 1주당 배당
주식수가 0.05주이든, 0.1주이든 배당 후 투자자가 보유한 주식 가치는
동일합니다. 이유는 배당으로 지급되는 주식만큼 배당락 당일에 주가가
하향 조정되기 때문입니다.

│삼성전자 주가와 배당락│

* 출처: 키움증권 HTS

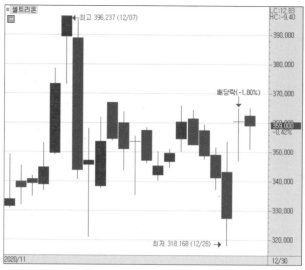

* 출처: 키움증권 HTS

삼성전자와 셀트리온의 배당락 당일 주가차트를 보면 다른 점이 눈에 띕니다. 삼성전자의 경우 HTS상 주가차트에 배당락이라는 표시가 되어 있지만 주가가 하향 조정되지 않았습니다. 그런데 셀트리온의 경우 배당락 당일인 12월 29일 '배당락(-1.80%)'이라는 표시가 되어있습니다.

현금배당의 배당락의 경우 주가가 인위적으로 하락하지 않습니다. 여느 때와 마찬가지로 사는 투자자가 많으면 오르고 파는 투자자가 많으면 하락할 뿐입니다. 배당락 당일에 일반적으로 주가가 하락한다는 것은 배당을 받을 권리가 사라진 주식이니 투자자들이 팔 가능성이 높기 때문입니다.

반면 주식배당의 경우 주가가 인위적으로 하락합니다. 주식배당으로 인한 배당락 당일 주가가 하락하는 공식은 다음과 같습니다.

배당락 기준주가 =
(배당락 전일 종가 × 주식배당 전 발행주식수) / (주식배당 전 발행주식수 + 배당주식총수)

결국 주식배당의 경우 주식배당으로 늘어나는 주식만큼 주가가 하향 조정됩니다. 주식배당을 받기 전이나 받은 후에나 투자자들의 주식 가치는 동일하다는 의미입니다. 주식배당을 많이 받았다고 해서 현금배당처럼 투자수익이 발생하는 것은 아니라는 의미입니다.

다만 주식배당은 투자자들로 하여금 착시현상을 불러일으키는 효과는 있습니다. 주식배당률만큼 주가가 하향 조정되니 투자자들 입장에서는 주가가 저렴하게 느껴진다는 것입니다. 따라서 매수세가 몰릴 가능성이 높고 이는 주가 상승으로 이어질 수 있다는 해석입니다.

기업들은 종종 주식배당을 지급하곤 합니다. 2020년 한 해 동안 주식배당을 공시한 기업은 총 36곳입니다. 한편 이 책에서 다루는 배당은 거의 대부분 현금배당입니다. 따라서 용어의 간결성을 위해 '현금배당 = 배당'으로 지칭했습니다.

순이익이 적자면 배당이 가능할까?

배당은 기업이 한 해 동안 벌어들인 이익을 주주들에게 환원한다는 의미를 담고 있습니다. 이처럼 벌어들인 이익에서 얼마나 배당을 지급하는지 나타내는 지표를 배당성향이라고 합니다. 배당성향은 배당총액을 순이익으로 나눠 계산합니다. 배당성향이 50%라면 순이익의 50%를 배당하는 셈입니다. 그렇다면 적자를 낸 기업은 주주들에게 나눠줄 이익이 없으니 배당을 할 수 없을까요? 다음은 상장사 천일고속의 배당에 관한 사항입니다.

구분	주식의 종류	당기	전기	전전기
		제73기 3분기	제72기	제71기
주당액면가액(원)		5,000	5,000	5,000
(연결)당기순이익(백만 원)		-4,657	722	-207
(별도)당기순이익(백만 원)		–	–	–
(연결)주당순이익(원)		-3,263	506	-146
현금배당금총액(백만 원)		1,427	4,684	8,562
주식배당금총액(백만 원)		–	–	–
(연결)현금배당성향(%)		-30.64	648.34	-4,131.31
현금배당수익률(%)	보통주	1.5	6.9	6.9
	-	–	–	–
주식배당수익률(%)	-	–	–	–
	-	–	–	–
주당 현금배당금(원)	보통주	1,000	5,000	6,000
	-	–	–	–
주당 주식배당(주)	-	–	–	–
	-	–	–	–

* 출처: 천일고속 2020년 3분기 보고서

천일고속은 2020년 3분기(제73기 3분기) 누적 기준으로 46억 5,700만 원의 연결 당기순이익 적자를 기록했습니다. 그럼에도 주주들에게 14억 2,700만 원의 배당금을 지급했습니다. 2019년(제72기)에는 당기순이익이 불과 7억 2,200만 원에 불과했지만, 배당총액은 46억 8,400만 원을 기록했습니다. 천일고속의 사례를 보면 순이익을 넘어서는 배당은 물론, 적자를 기록했음에도 배당을 지급할 수 있다는 것을 알 수 있습니다. 따라서 배당성향이 100%를 넘기도 하고 심지어 마이너스를 기록하기도 합니다.

그렇다면 배당의 재원은 무엇일까요? 기업의 자산은 주주의 돈인 자본총계와 남의 돈인 부채로 나뉩니다. 자본총계에서 자본금을 제외하고 추가로 적립해야 할 금액을 차감하면 배당의 재원인 배당가능이익을 구

 알아두세요

연결 당기순이익

자회사의 장부까지 포함해 모회사의 재무제표를 작성한 것을 연결 재무제표라고 하며, 연결 당기순이익은 모회사에 자회사 실적을 더한 후 내부거래를 차감해 작성된 당기순이익이다.

별도 당기순이익

자회사가 있지만 모회사 입장에서만 재무제표를 작성한 것을 별도 재무제표라고 하며, 별도 당기순이익은 자회사의 실적을 배제한 모회사의 순이익이다.

할 수 있습니다. 정리하면 기업이 적자를 기록해도 배당가능이익이 있
다면 배당을 지급할 수 있습니다.

배당 정보 확인하는 필수 사이트는?

상장기업들의 배당 소식은 전자공시사이트에서 가장 먼저 발표됩니다.
전자공시시스템(http://dart.fss.or.kr)에 접속한 후 [최근공시] – [전체] 경
로로 접근하면 그날 상장기업들의 공시 현황을 시계열 순으로 볼 수 있
습니다. 이사회에서 배당을 결의하면 기업은 한국거래소에 공시 서류
를 제출해야 합니다. 투자자는 전자공시사이트에서 '현금·현물배당 결
정'(주식배당의 경우 '주식배당 결정')이라는 타이틀을 통해 최초로 상장사
들의 배당 소식을 확인할 수 있습니다.

특정 기업의 배당공시만 따로 보고 싶다면, 전자공시시스템의 검색 기
능을 활용하면 됩니다. 전자공시시스템에서 [공시서류검색] – [상세검
색] 경로로 접근하면 회사명 등 특정 종목에 대해 여러 가지 조건 값으
로 검색할 수 있는 화면이 나옵니다. 검색하고 싶은 회사의 이름이나 종
목코드를 입력하고 기간을 설정한 후 보고서명 찾기에 '현금·현물배당
결정'을 입력하고 검색 버튼을 누릅니다. 다음은 2021년 1월 3일 기준으
로 최근 1년간 삼성전자의 배당공시를 검색한 화면입니다.

총 4개의 배당공시 보고서가 제출되어 있습니다. 이를 통해 삼성전자는
1년에 총 4번 배당하는 기업이란 것을 알 수 있습니다. 2020년 10월 29
일 배당공시 내역은 다음과 같습니다.

| 삼성전자 배당공시 검색 |

* 출처: 전자공시시스템

| 삼성전자의 현금·현물배당 결정 공시 |

1. 배당구분		분기 배당
2. 배당종류		현금배당
– 현물자산의 상세내역		-
3. 1주당 배당금(원)	보통주식	354
	종류주식	354
– 차등배당 여부		미해당
4. 시가배당율(%)	보통주식	0.6
	종류주식	0.7
5. 배당금총액(원)		2,404,604,914,500
6. 배당기준일		2020-09-30
7. 배당금지급 예정일자		2020-11-18
8. 주주총회 개최여부		미개최
9. 주주총회 예정일자		-
10. 이사회결의일(결정일)		2020-10-29

* 출처: 전자공시시스템, 기준일: 2020. 10. 29.

1주당 배당금은 보통주식과 종류주식이 각각 354원으로 같습니다. 종류주식은 이익배당이나 의결권 행사 등에 관하여 특혜나 제한을 부여한 주식입니다. 이익배당, 잔여재산을 우선적으로 받을 수 있는 우선주가 대표적입니다. 삼성전자의 종류주식은 삼성전자 우선주입니다. 배당수익률은 보통주는 0.6%, 우선주는 0.7%인데요. 우선주의 배당수익률이 더 낮은 것은 우선주의 주가가 보통주보다 낮기 때문입니다. 배당수익률의 기준이 되는 주가는 배당기준일의 2영업일 전부터 과거 1주일간 종가의 산술평균값입니다. 다만 투자자 입장에서는 공시에 기재된 시가배당율보다 실제 매수가격 대비 배당수익률이 중요합니다.

사업보고서에서는 최근 3개년간 주당배당금, 배당수익률, 배당성향에 대한 정보를 확인할 수 있습니다. 사업보고서 [Ⅰ. 회사의 개요] – [6. 배당에 관한 사항 등]의 경로로 접근하면 됩니다. 앞서 '순이익이 적자면 배당이 가능할까?'에서 살펴본 표 '천일고속의 배당에 관한 사항 등'은 천일고속의 사업보고서에서 발췌한 것입니다.

상장기업들의 배당 정보를 한눈에 보고 싶다면 '네이버금융' 사이트로 접속합니다. [국내증시] – [배당] 경로로 접근하면 상장기업의 주가, 배당수익률, 배당성향, 3개년도 주당배당금 등을 확인할 수 있습니다. 또한 각 항목별로 오름차순, 내림차순으로 종목을 나열해 볼 수 있습니다.

알아두세요

사업보고서
산업의 현황, 경쟁상황, 회사의 개요, 사업 부문별 매출액, 주주에 관한 사항 등 투자에 필요한 다양한 정보를 기재한 보고서

| 배당 |

| 전체 | 코스피 | 코스닥 |

종목명	현재가	기준월	배당금	수익률 (%)	배당성향 (%)	ROE (%)	PER (배)	PBR (배)	과거 3년 배당금		
									1년전	2년전	3년전
베트남개발1	240	20.02	90	37.32	-	-	-	-	4	199	90
한국패러렐	1,900	20.12	235	12.37	-	-	-	-	165	200	205
대동전자	4,415	20.03	500	11.32	97.78	3.26	7.36	0.19	0	0	0
맥쿼리인프라	10,650	20.12	719	6.75	-	-	-	-	698	621	249
에이리츠	6,860	20.12	450	6.55	-	-	-	-	373	277	86
맵스리얼티1	3,995	20.12	237	5.93	-	-	-	-	247	212	226
신영증권우	51,000	20.03	2,550	5.00	105.12	1.80	36.69	0.34	2,800	2,800	2,500
신영증권	52,700	20.03	2,500	4.74	105.12	1.80	36.69	0.34	2,750	2,750	2,450
대덕	6,980	20.12	300	4.30	-	-	-	-	300	300	300
기신정기	3,635	20.03	150	4.13	50.42	3.69	9.66	0.35	150	150	150
코리아에셋투	7,500	20.03	300	4.00	29.63	10.90	4.50	0.50	250	250	370
대덕1우	8,690	20.12	305	3.51	-	-	-	-	305	305	0
대덕전자1우	8,900	20.12	305	3.43	-	-	-	-	-	-	-
이글루시큐리티	4,770	20.12	160	3.35	-	-	-	-	140	140	70
도이치모터스	7,410	20.12	245	3.31	-	-	-	-	0	0	0

* 출처: 네이버금융

한편 네이버금융에서 개별 종목을 검색한 후 재무제표를 보면 최대 5년간 배당 현황이 나와 있습니다. HTS에서도 네이버금융과 같이 비슷한 배당 정보를 제공합니다.

잠깐만요

배당투자가 쉬워지는 재무제표 필수 지식

'순이익이 적자면 배당이 가능할까?'에서 몇몇 생소한 재무제표 용어가 등장했습니다. 알고 있으면 투자에 큰 도움이 되기 때문에 간단하게 살펴보겠습니다. 투자자가 꼭 알아야 할 재무제표는 크게 재무상태표, 손익계산서, 현금흐름표로 구분됩니다.

재무상태표는 특정 시점에 기업의 재산 내역을 기록한 장부입니다. 손익계산서는 특정 기간 기업의 수입, 지출 내역, 현금흐름표는 특정 기간 기업 현금의 입출 내역을 기록한 장부입니다.

재무상태표는 자산, 부채, 자본으로 구성되어 있습니다. 사업을 하기 위해서는 공장, 원재료, 현금 등이 있어야 하며 이를 장만하기 위해서는 내 돈으로 부족해 남의 돈까지 필요합니다. 집을 살 때 웬만한 금수저가 아닌 이상 100% 현금으로 지불하는 사람은 드뭅니다. 사업도 마찬가지입니다. 적절히 은행, 투자자 등 남의 돈을 빌리는 지혜가 필요합니다. 여기에서 내 돈을 '자본'이라고 하며, 남의 돈을 '부채'라고 합니다. 조달한 자금으로 앞서 언급한 공장, 원재료 마련에 사용하는데 이를 '자산'이라고 합니다. 즉 부채와 자본은 돈의 출처, 자산의 돈의 사용처를 뜻합니다.

손익계산서는 특정 기간 기업의 수입과 지출내역을 나타냅니다. 쉽게 말해 얼마를 벌었고 그중에서 얼마를 사용했으며, 결국 얼마가 남았는지 보여주는 장부입니다.

손익계산서와 유사한 현금흐름표는 특정 기간 현금의 입출 내역을 기록하는 장부입니다. 얼핏 보면 손익계산서와 현금흐름표는 비슷한 것 같지만 약간의 차이가 존재합니다. 요즘 소비할 때 현금을 사용하는 사람은 극히 드뭅니다. 대신 신용카드를 많이 사용하는데요. 신용카드로 재화나 서비스를 구입할 때 가계부 상에는 지출로 기록될 것입니다. 그런데 실제 결제한 금액은 신용카드 결제일에 통장에서 한꺼번에 빠져나갑니다. 신용카드를 사용할 때 지출을 기록하는 장부를 손익계산서, 결제일에 현금이 빠져가는 것을 보여주는 통장 기록이 현금흐름표인 것입니다.

그렇다면 기업의 경영활동이 재무제표에 어떻게 기록될까요? 간단하게 재무상태표와 손익계산서를 통해 살펴보겠습니다.

| 기업의 경영활동과 재무제표의 관계 |

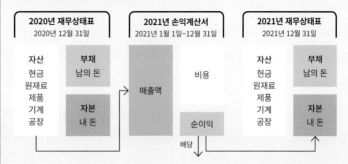

2020년 12월 31일, A회사의 자산은 공장, 기계장치, 원재료, 제품, 현금 등으로 구성되어 있습니다. 이는 먼저 주주의 돈(자본)과 남의 돈(부채)으로 마련한 것입니다. 해당 자산으로 2021년 1월 1일부터 2021년 12월 31일까지 영업활동을 합니다. 이 기간 판매실적이 매출액으로 잡힙니다. 여기에서 원재료 매입비, 광고선전비, 인건비 등이 지출되고 최종적으로 이자와 세금까지 내면 마지막으로 순이익이 남습니다.

순이익은 2021년 12월 31일 재무상태표 자본의 이익잉여금으로 쌓입니다. 이익잉여금이란 이익이 나서 남은 잉여금이란 뜻입니다. 이에 따라 A회사의 자본이 늘어나고, 늘어난 자본만큼 자산도 증가합니다. 한편 벌어들인 순이익에서 얼마를 배당하느냐에 따라 이익잉여금으로 쌓이는 정도는 달라집니다. 재무제표에 대한 좀 더 자세한 내용, 구체적인 투자활용법이 궁금하다면 필자의 책《달란트투자의 주식교과서》를 참고하세요.

계좌개설에서 환전, 주문까지 한 번에!

주식투자를 막 시작하기로 마음먹은 예비 투자자가 가장 먼저 해야 할 일은 계좌개설입니다. 증권사에서 제공하는 HTS(Home Trading System)나 MTS(Mobile Trading System)를 설치하면 PC나 스마트폰에서 누구나 쉽게 주식을 사고팔 수 있는데요. 요즘 스마트폰을 통한 MTS 거래가 활발한 만큼 스마트폰을 통해 간단하게 계좌를 개설하는 방법에 대해서 알아보겠습니다.

국내주식 계좌개설

금융투자협회에 등록된 증권사는 총 58곳입니다. MTS를 제공하는 증권사 대부분은 비대면 계좌개설 서비스를 지원하고 있습니다. 다만 절차가 다소 복잡하고 특정 계좌개설 어플리케이션의 경우 신분증 인증이 잘 되지 않는 등 애로사항이 많습니다. 따라서 이 책에서는 카카오뱅크를 활용해 비대면 계좌개설을 최대한 간편하게 하는 방법에 대해 소개합니다.(카카오뱅크 계좌가 있어야 합니다. 카카오뱅크 계좌는 '카카오뱅크' 앱 다운로드를 통해 쉽게 만들 수 있습니다.)

카카오뱅크 어플리케이션 메뉴에서 [제휴서비스] – [증권사 주식계좌] 경로로 접근하면 주식계좌를 개설하는 서비스를 찾을 수 있습니다. 2021년 4월 기준 카카오뱅크에서 개설 가능한 증권사 계좌는 KB증권, NH투자증권, 한국투자증권입니다. 이 중 한국투자증권으로 개설하는 절차에 대해 알아볼까요?

| 카카오뱅크를 통한 한국투자증권 계좌개설 절차 주요 화면 |

* 출처: 카카오뱅크

한국투자증권 주식계좌개설하기를 클릭하면 주식계좌개설 약관동의 화면이 나옵니다. 동의사항에 체크한 후 한국투자증권 주식계좌와 연결할 카카오뱅크의 입출금 계좌를 선택합니다. 카카오뱅크 계좌가 하나뿐이라면 자동으로 해당 계좌가 선택됩니다. 주식계좌 비밀번호를 설정한 후 마지막으로 본인 확인을 위한 신분증 촬영이 진행됩니다. 신분증은 주민등록증이나 운전면허증 둘다 가능합니다. 신분증 촬영까지 완료되면 계좌개설이 끝납니다.

이후 카카오톡으로 계좌개설 완료 메시지와 임의로 생성된 ID가 전송됩니다. 다음으로 한국투자증권 어플리케이션을 다운로드받습니다. 한국투자증권 어플리케이션에 접속하면 [한국투자증권+제휴은행]을 선택하는 버튼이 있습니다. 해당 버튼 클릭 후 계좌번호, 인적사항, 약관 및 위험고지, 개인정보동의서, 인증수단 등록 등을 절차대로 진행하면 주식거래를 위한 모든 절차가 완료됩니다.

해외주식 계좌개설

다음으로는 해외주식 거래입니다. 과거 해외주식 거래를 하기 위해서는 해외주식 거래 전용 MTS를 따로 설치해야 했지만, 최근에는 하나로 통합되는 추세입니다. 한국투자증권 어플리케이션에서도 바로 해외주식 거래를 신청할 수 있습니다. [계좌/서비스] – [거래서비스신청] – [해외주식] – [해외주식거래신청] 경로로 접근해 해외주식 거래 서비스를 신청합니다. 만약 투자성향 등록이 되어 있지 않다면, 이 부분부터 먼저 등록해야 합니다.

|한국투자증권 해외주식 거래 신청 절차 주요 화면|

• 출처: 한국투자증권

해외주식 거래 서비스 신청 완료 후 해외주식을 실제 거래하기 위해서는 두 가지 방법이 있습니다. 먼저 원화를 외화로 환전한 후 거래하는 것입니다. 이를 위해서는 [계좌/서비스] – [외화] – [환전/외화] – [환전] 경로로 접근해 원화를 외화로 환전해야 합니다. 환전 후 주식주문 창을 통해 매수하고자 하는 해외주식을 검색한 후 주문할 수 있습니다.

| 해외주식 거래를 위한 환전 화면 |

• 출처: 한국투자증권

환전 없이 해외주식을 거래하는 방법도 있습니다. 통합증거금 서비스를 신청하면 가능합니다. 통합증거금 서비스란 원화, 외화, 당일 국내주식 매도 결제 예정 금액을 증거금으로 사용해 해외주식을 매매하고 해당 결제일에 필요한 만큼만 환전하는 서비스입니다. [계좌/서비스] – [거래서비스신청] – [해외주식] – [통합증거금 신청] 경로로 접근해 통합증거금을 신청할 수 있습니다. 약관동의 등의 절차를 거치면 통합증거금 서비스 신청이 완료됩니다. 이후 별도의 환전 없이 주식주문 창을 통해 해외주식에 대한 주문을 낼 수 있습니다. 특히 통합증거금 서비스를 신청하면 미국 프리마켓 시간인 18시 25분경 이후부터 주문이 가능합니다.

| 통합증거금 신청을 위한 절차 화면 |

* 출처: 한국투자증권

원화로 해외주식을 매매하면 편리하긴 하지만 결제일 기준으로 자동 환전되기 때문에 환율이라는 변수를 컨트롤하지 못하는 단점이 있습니다. 원하는 환율로 해외주식을 거래하고 싶다면 직접 환전을 한 후 매매해야 합니다.

실전 재무제표 기업 분석 따라하기

아래 그래프는 A, B, C 3개 기업의 실적 차트입니다. 어떤 기업이 우량기업일까요?

|A기업의 실적 추이|　　　　　　　　　　　　　　　　　　(단위: 억 원)

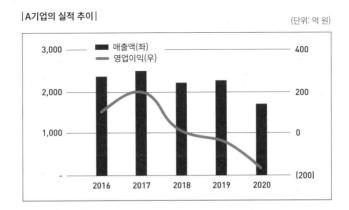

|B기업의 실적 추이|　　　　　　　　　　　　　　　　　　(단위: 억 원)

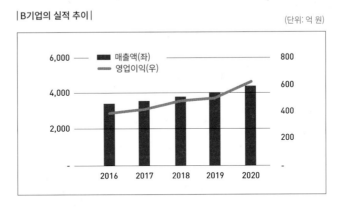

| C기업의 실적 추이 |

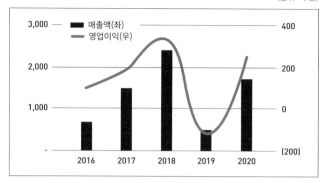

(단위: 억 원)

해설

먼저 A기업은 매출액과 영업이익이 지속적으로 감소합니다. 특히 영업이익은 2020년에 적자로 전환했습니다. 이 기업은 배당은커녕 생존이 시급합니다. 사업에서 돈을 벌어들이지 못하니 주식을 새로 발행해 자금을 조달하는 유상증자를 진행할 가능성이 높습니다. 아무리 화끈한 테마가 붙었다 하더라도 이런 기업은 투자하지 않는 것이 좋습니다.

B기업은 최근 5년간 매출액과 영업이익이 꾸준히 증가했습니다. 5년이란 시간은 경기의 한 사이클입니다. 호황과 불황을 반복하는 과정에서 실적이 꾸준히 성장했다면 우량기업일 가능성이 높습니다. 투자대상으로 검토해야 할 기업은 바로 B기업입니다.

마지막으로 C기업은 어떨까요? 최근 실적이 드라마틱하게 증가하는 것은 인상적입니다. 그런데 C기업은 2019년에 적자를 기록했습니다. B기업과 달리 실적이 들쑥날쑥한 것이 특징입니다. 이런 기업을 경기민감형 기업이라고 부릅니다. 경기에 따라 실적 변동성이 매우 크기 때문입니다. C기업은 꾸준히 기업가치를 올리기 어렵기 때문에 우량기업과 거리가 멉니다.

실적 우량주 후보를 골랐다면 이제 현금흐름을 점검해 봐야 합니다. 현금흐름은 플러스, 마이너스, 즉 부호가 중요합니다. 각각의 현금흐름 부호가 의미하는 바를 살펴보겠습니다. 영업활동 현금흐름이 플러스라는 것은 영업으로 현금이 잘 유입되고 있다는 의미입니다. 반면 영업으로 오히려 현금이 유입되는 것이 아니라 유출이 된다면 마이너스를 띄게 됩니다. 재무활동 현금흐름 마이너스는 빌린 돈을 갚거나, 주주들에게 배당을 지급했다는 의미입니다. 반면 플러스는 은행에서 돈을 빌리거나 유상증자를 단행해 투자금을 유치한 경우입니다. 투자활동 현금흐름이 마이너스를 기록하고 있다는 것은 그만큼 투자를 하고 있다는 의미입니다. 만약 플러스라면 보유하고 있는 토지, 공장, 기계장치 등 유형자산을 매각하거나 주식을 파는 경우입니다. B기업의 현금흐름표를 살펴보면 영업활동 현금흐름은 플러스, 재무활동 현금흐름은 마이너스, 투자활동 현금흐름은 마이너스를 유지하고 있습니다. 영업으로 현금이 잘 유입되고 있고, 차입금을 갚거나 주주들에게 배당을 지급하고 있으며, 지속적으로 투자를 하고 있다는 의미입니다. 전형적인 우량기업의 현금흐름표입니다.

|B기업의 현금흐름 추이| (단위: 억 원)

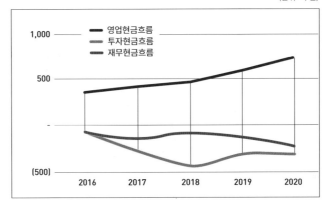

마지막으로 점검해야 할 부분은 재무안전성입니다. 아무리 실적이 좋고 현금흐름이 양호하더라도 빚이 많으면 주주들에게 배당을 지급할 여력이 없습니다.

재무안전성은 부채비율과 유동비율, 순차입금비율 및 이자보생배율로 점검할 수 있습니다. 부채비율은 부채를 자본으로 나눈 값입니다. 부채는 남의 돈, 자본은 내 돈이므로 부채비율은 낮을수록 좋습니다.

유동비율은 유동자산을 유동부채로 나눈 값입니다. 유동자산은 1년 안에 현금화할 수 있는 자산이며, 유동부채는 1년 안에 갚아야 하는 부채입니다. 우량기업일수록 유동자산이 유동부채보다 많아야 합니다.

순차입금은 기업이 보유한 차입에서 현금및기타금융자산을 차감한 것입니다. 순차입금이란 기업의 채무를 보유 현금으로 상환한 후에도 추가로 얼마를 더 갚아야 하는지를 보여주는 지표입니다. 순차입금비율은 순차입금을 자본으로 나눈 값입니다. 순차입금을 내 돈인 자본으로 얼마나 감당할 수 있는지 보여줍니다. 순차입금비율 역시

 알아두세요

현금및기타금융자산
현금, 수시입출금 통장에 넣어놓은 돈, 만기가 1년 미만인 금융상품 등

낮으면 낮을수록 좋습니다.

이자보상배율은 영업이익을 이자비용으로 나눈 값입니다. 벌어들인 영업이익으로 이 자비용을 얼마나 감당할 수 있는지를 판단하는 지표입니다. 이자보상배율은 최소 1배 이상 되어야 하며 높을수록 좋습니다.

| B기업의 부채비율, 유동비율 추이 |

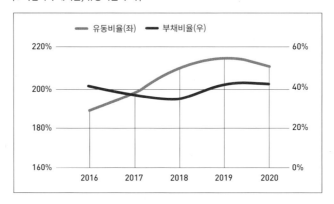

| B기업의 순차입금, 순차입금비율 추이 | (단위: 억 원)

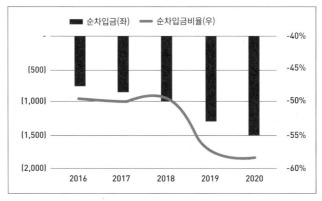

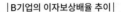| B기업의 이자보상배율 추이 |

(단위: 배)

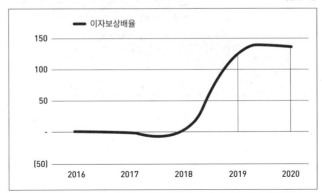

B기업의 2020년 말 부채비율은 43%, 유동비율은 211%입니다. 일반적으로 부채비율은 100% 미만, 유동비율은 100% 이상이어야 양호하다고 판단하므로 매우 양호한 편입니다. 순차입금비율은 마이너스를 기록하고 있습니다.

순차입금비율이 마이너스라는 의미는 무엇일까요? 분자 또는 분모가 마이너스일 경우 나타날 수 있는 상황입니다. B기업의 자본은 플러스이기 때문에 순차입금이 마이너스라고 볼 수 있습니다. 순차입금 마이너스는 차입금보다 현금및기타금융자산이 클 때 가능합니다. 빌린 돈보다 기업이 순수 보유한 현금이 더 많다는 뜻입니다. 이자보상배율은 134배에 달합니다. 영업이익으로 이자비용을 감당하기 충분하다는 의미입니다.

004 배당과 함께하는 거시경제 지표 '금리'

005 주목해야 할 배당주의 유형

006 배당주 포트폴리오 구성 핵심팁

007 배당주 언제 사고, 언제 팔까?

실전 배당투자
시작하기

예·적금 금리가 2%도 안 되는데
배당수익률은 무려 10%!?

배당주 투자에 막 입문한 고배당 씨는 금융정보 사이트에서 배당수익률 10%짜리 주식을 발견하자마자 마음속으로 '유레카'라고 외쳤습니다. 배당수익률이 예적금 이자율보다 무려 6배나 높은 주식을 찾았기 때문입니다. 고배당 씨는 고민 없이 주식을 덥석 매수하였습니다.

시간이 지나고 결산기가 찾아왔습니다. 그런데 아무리 기다려도 기대하던 배당공시는 나오지 않았습니다. 정기 주주총회 시즌이 끝나갈 무렵, 고배당 씨는 자신이 투자한 기업이 올해 배당을 지급하지 않는다는 소식을 접하게 되었습니다. 지난해 실적이 저조해 주주들에게 나눠줄 배당의 재원이 부족하다는 이유에서였습니다. 순식간에 배당수익률 10%짜리 주식이 배당이 없는 주식이 되어버린 것입니다.

고배당 씨는 과거의 배당금 정보로 섣불리 투자 판단을 내렸다고 자책했습니다. 또한 이 일을 계기로 높은 배당수익률에 현혹되어서는 안 된다는 사실을 깨달았습니다. 당장 배당수익률이 높은 것보단 내년, 내후년에도 일관된 배당정책을 고수할 수 있는지가 종목 선택의 핵심이라는 것을 알게 되었습니다. '과연 이런 종목을 어떻게 고를 수 있을까?' 소 잃고 외양간 고치는 격이지만, 같은 실수를 반복하지 않기 위해 고배당 씨는 생각에 빠졌습니다.

배당과 함께하는
거시경제 지표 '금리'

국가 부도의 날 vs 2021년 대한민국

배당주의 매력은 무엇으로 결정될까요? 바로 배당수익률입니다. 그런데 배당수익률이 높다는 기준은 무엇일까요? 3%? 아니면 5%는 되어야 할까요?

1998년은 외환위기로 한국 경제가 크게 힘들었던 시기입니다. 당시 IMF(국제통화기금)는 구제금융을 지원하는 대가로 한국에 강도 높은 긴축, 구조조정을 요구했습니다. 자본유출을 막는다는 명목으로 금리를 대폭 인상한 것이 대표적입니다. 당시 1년 만기 정기예금의 이자율이 20%, 3년 만기의 경우 무려 65%에 달했습니다.

2021년은 정반대 상황입니다. 2020년 세계를 강타한 코로나19로 각국의 경기가 급속도로 침체되었습니다. 세계 각국의 중앙은행은 제로금리 수준으로 금리를 내렸지요. 한국 역시 기준금리를 사상 처음으로 0.5%로 낮췄고 이에 따라 정기예금 금리도 1% 이하로 주저앉았습니다.

만약 2021년 현재 배당수익률이 2%라면 고배당주 범주에 포함될 수 있습니다. 시중 금리가 1% 이하이기 때문입니다. 은행에 맡기면 원금의 1% 이자도 받지 못하는 상황에서 2%의 배당수익률은 적절한 대안이기 때문입니다. 그런데 IMF 당시로 돌아가면 어떨까요? 배당수익률이 2%

가 아니라 5%에 달하는 주식이라 하더라도 투자자들은 쳐다보지도 않을 것입니다. 은행에 맡기면 안정적으로 20%의 이자를 받을 수 있는데 원금 손실 가능성이 있는 주식에 투자할 리 없기 때문입니다. 여기서 알 수 있는 것은 배당수익률의 매력은 금리에 따라 상대적으로 결정된다는 것입니다.

금리를 활용한 배당주 투자전략

배당주의 매력은 금리에 따라 결정되기 때문에 배당주 주가 역시 금리에 영향을 받습니다. 지난 2009년 7월부터 2020년 12월까지 코스피 지수와 코스피 고배당 50 지수, 국고채 3년물(이하 국채) 금리를 비교해보면 배당주 주가의 특징을 파악할 수 있습니다. 2012년 상반기까지 코스피 지수와 코스피 고배당 50 지수는 비슷한 흐름을 보였습니다. 그런데 2012년 하반기부터 코스피 고배당 50 지수가 코스피 지수를 앞서기 시작합니다. 코스피 고배당 50 지수의 상대적 강세는 2015년 말까지 지속됐습니다. 이 기간 코스피 지수는 4.2% 오르는 데 그쳤지만, 코스피 고배당 50 지수는 68.3%나 상승했습니다. 이 시기 국채 금리는 3%대에서 1%대로 지속적으로 하락했습니다.

국채 금리가 상승 반전한 시점은 2016년 9월 이후입니다. 1.2%까지 내렸던 국채 금리는 2018년 2월, 2.3%까지 상승합니다. 같은 기간 코스피 지수는 18.8% 올라 12.6% 상승한 코스피 고배당 50 지수를 웃돌았습니다. 이후 다시 국채 금리는 하락했으며, 2019년 8월까지 1.2%로 내렸습니다. 이 시기 증시에선 하락장이 연출되었습니다. 코스피 고배당 50 지수는 15.5% 내려 같은 기간 코스피 지수 하락률 18.9% 대비 선방했습니다.

한편 전 세계에 충격을 준 코로나19 사태로 2020년은 기존과 다른 장세가 펼쳐졌습니다. 코로나19 수혜 산업으로 분류되는 언택트(Untact) 성장주가 각광을 받았고, 전통 가치주들은 소외되었습니다. 따라서 국채 금리가 크게 내렸음에도 금융 기업, 소비재 기업, 소재 기업 등이 주로 편입되어 있는 코스피 고배당 50 지수는 코스피 지수에 비해 저조한 성과를 냈습니다. 이처럼 주식시장은 다양한 변수에 영향을 받습니다. 금리 하락이라는 배당주에 유리한 여건이 형성되어도 언택트라는 더 강력한 변수가 나타나면 배당주도 소외될 수 있습니다.

|국고채 3년물 금리|

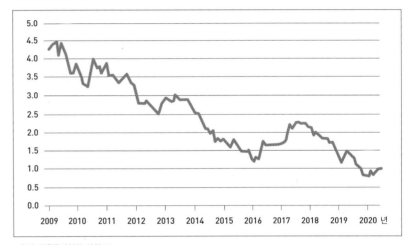

* 출처: 금융투자협회, 단위: %

|코스피 지수와 코스피 고배당 50 지수|

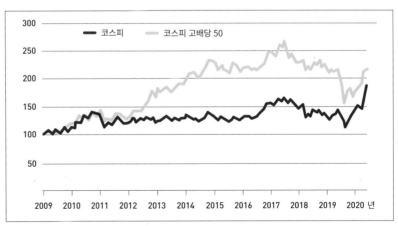

* 출처: 한국거래소

005 주목해야 할 배당주의 유형

배당을 주는 기업이라도 저마다 배당에 대한 정책은 다릅니다. 이번 장에서는 기업들의 저마다 다른 배당정책에 대해 알아보고 투자자가 주목해야 할 배당주 유형에 대해 파악합니다.

배당금을 유지하는 기업

배당금을 유지하는 기업은 매년 같은 배당금을 지급하는 기업입니다. 이런 기업은 실적이 잘 나오거나, 못 나오거나 한결같이 주주들에게 동일한 배당금을 지급합니다. 그러나 대규모 적자를 내거나 지속적으로 실적이 부진한 기업은 이 같은 배당정책을 유지하기 힘듭니다. 따라서 최소 5년간 동일한 배당금을 지급한 업체라면 어느 정도 실적 안정성은 담보된 기업이라고 볼 수 있습니다. 매년 동일한 배당금을 지급하는 업체는 현재 배당수익률로 저평가, 고평가 여부를 판단할 수 있습니다.

| 율촌화학 주가 추이 |

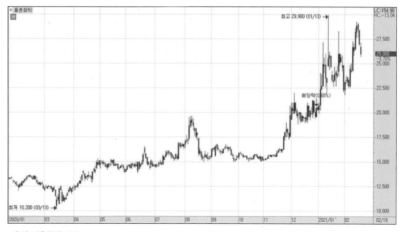

* 출처: 키움증권 HTS

| 율촌화학 배당수익률 추이 |

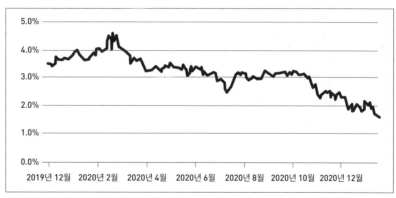

* 출처: 율촌화학

농심 계열의 포장재 제조업체 율촌화학은 매년 주당 500원의 배당금을 지급합니다. 따라서 주가에 따라 배당수익률이 변합니다. 주가가 높아지면 배당수익률은 낮아지고, 주가가 낮아지면 배당수익률은 높아지는 원리입니다. 2020년 3월 19일 율촌화학의 주가는 11,000원(종가 기준)까지 하락해 배당수익률은 4.54%를 기록했습니다. 당시 시중은행 예금 금리의 3배에 달하며 과거 역사적 배당수익률과 비교했을 때 낮은 편입니다. 율촌화학을 배당투자 관점에서 접근한 투자자에게는 좋은 기회입니다. 이후 주가가 올라 2021년 1월 14일에는 배당수익률이 1.93%까지 하락했습니다. 여전히 시중은행 예금 금리에 비해선 높지만, 예전에 비해 배당주로서의 매력은 떨어진 셈입니다.

율촌화학처럼 배당금이 일정한 업체는 현재 배당수익률과 과거 배당수익률을 비교해 투자타이밍을 잡을 수 있습니다. 단 배당금이 오르지 않기 때문에 장기투자 여부는 고민해 봐야 합니다. 배당금이 고정되어 있다면 주가가 오를수록 배당수익률이 하락하기 때문입니다. 반대로 장기간 높은 배당수익률을 유지하고 있다면, 그만큼 주가가 오르지 않았다는 의미입니다. 당장은 배당수익률이 높다 하더라도 배당금이 고정되어 있는 기업을 장기투자한다면 배당보다는 성장성에 초점을 맞추는 것이 좋습니다.

배당금을 늘리는 기업

매년 같은 배당금을 유지하는 기업이 있다면, 배당금을 늘리는 기업도 있습니다. 또한 몇 년에 걸쳐 점진적으로 배당금을 인상하는 기업이 있는가 하면 매년 배당금을 올리는 기업도 있지요. 국내 상장기업 중 최근 5년간(2015~2019년) 매년 배당금을 인상한 주식은 46곳(우선주 포함)입니다. 5년간 꾸준히 배당금을 인상한 기업이라면 우량주일 가능성이 있습니다. 배당금을 올리는 기업도 과거와 현재의 배당수익률을 비교해 저평가, 고평가 여부를 판단할 수 있습니다. 또한 배당금을 유지하는 기업과 달리 꾸준히 배당금을 인상하니 장기투자 관점에서도 접근할 만합니다.

배당성향을 유지하는 기업

배당성향을 유지하는 기업은 순이익에서 매년 같은 비율로 배당금을 책정합니다. 이런 기업은 순이익이 증가하면 배당금도 늘어나며, 반대로 순이익이 줄어들면 배당금도 같이 감소합니다. 다른 배당주도 마찬가지이지만 배당성향이 일정한 기업은 특히 실적이 중요합니다. 배당금을 유지하거나 인상하는 기업은 실적이 크게 감소하지 않으면 배당금을 줄일 가능성이 낮습니다. 그러나 배당성향이 일정한 기업의 실적 감소는 곧바로 배당금 감소를 의미합니다.

기업의 배당성향은 코스피 평균과 비슷하거나 높은 것이 좋습니다. 단 80~90%에 달하는 극단적으로 높은 배당성향은 지속되기 어렵습니다. 따라서 해당 기업의 배당성향이 일시적인지, 앞으로도 지속될 수 있을지 파악해야 합니다. 배당성향이 일정한지 아닌지를 판단하기 위해서는 최근 5년간의 배당성향을 확인하는 것이 좋습니다.

한편 배당성향이 점진적으로 높아지는 기업도 있습니다. 과거 배당성향이 10% 미만이었는데 10%를 넘어서더니 20%를 돌파한 기업들이 대표적입니다. 이런 기업은 기업의 생애주기 상 성장기에서 성숙기로 접어들거나, 최대주주 변경 등을 이유로 주주환원 정책을 강화한 경우입니다. 이런 기업은 배당주로서 매력이 부각되며 주가가 재평가받을 수 있습니다.

배당정책이 일정하지 않은 기업

배당금이 일정하거나 상승하는 기업, 배당성향이 일정한 기업 외에도 나름대로 배당을 지급하는 기업이 있습니다. 배당을 늘렸다가 줄이거나, 지급했다가 지급하지 않는 기업입니다. 이처럼 배당정책이 들쑥날쑥한 기업은 실적 변동성이 클 가능성이 높습니다. 투자자들 역시 해당 기업의 배당정책을 신뢰하지 않기 때문에 배당주로서 매력이 떨어집니다.

관심종목의 내년 배당금, 배당수익률 예측해보기

기업의 배당정책을 이해하면 미래 배당금도 예측할 수 있습니다. 아래는 국내 1위 무선통신사 SK텔레콤, B2B 신용인증서비스 업체 이크레더블의 배당과 실적에 관한 정보입니다.

| SK텔레콤 배당에 관한 정보 |

	2016	2017	2018	2019	2020
주당배당금(원)	10,000	10,000	10,000	10,000	10,000
ESP(원)	20,756	32,198	38,738	11,021	18,631
배당성향(%)	42.13	27.16	22.94	82.04	47.53

* 출처: SK텔레콤, 네이버금융

EPS
Earning Per Share의 약자로 순이익을 발행주식수로 나눈 값

먼저 SK텔레콤의 배당에 관한 사항을 확인해봅니다. SK텔레콤은 2016년부터 2020년까지 주당 1만 원의 배당금을 책정했습니다. SK텔레콤의 주당순이익(EPS)은 2018년 3만 8,738원에서 2019년 1만 1,021원으로 크게 감소했지만, 배당금의 변화는 없었습니다. 2020년 EPS가 1만 6,537원으로 증가했지만 여전히 주당 1만 원의 배당금을 책정했습니다. 따라서 2021년 주당순이익(ESP)이 증가한다 하더라도 SK텔레콤의 주당배당금은 1만 원일 가능성이 높습니다. 대대적인 주주환원 정책의 변화가 없다면 말입니다.

| 이크레더블 배당에 관한 정보 |

	2016	2017	2018	2019	2020
주당배당금(원)	530	530	670	740	700
ESP(원)	817	905	1,040	1,134	1,084
배당성향(%)	64.84	58.53	64.43	65.28	64.60

* 출처: 이크레더블, 네이버금융

이번에는 이크레더블입니다. 이크레더블의 배당금은 2018년을 제외하고 매년 상승했습니다. 반면 배당성향은 일정한 모습을 보이고 있는데요. 2018년을 제외하고 매년 65% 내외를 유지하고 있습니다. 이크레더블은 순이익의 65%를 배당하는 기업인 것입니다. 따라서 이크레더블은 2021년 실적에 따라 배당금이 결정될 가능성이 높습니다. 증권사 컨센

서스에 따르면 이크레더블의 2021년 ESP는 1,270원입니다. 배당성향이 예년처럼 65%를 기록한다면 이크레더블의 주당배당금은 830원이 될 것입니다. 한편 이크레더블처럼 배당성향이 65%로 꾸준히 유지되는 기업은 드뭅니다. 50~60%처럼 약간의 변동성이 있는 기업의 미래 배당금을 구하기 위해서는 예상 EPS에 최근 3년 배당성향 평균값을 곱해 산출합니다.

배당성향이 일정한 기업의 예상 주당배당금 계산

예상 주당배당금 = 최근 3년 배당성향 평균 × 예상 EPS

내 배당금은 실제 얼마일까?

앞에서 배운 내용을 토대로 다음 종목의 내년 배당금을 예측해보겠습니다. 사례로 제시된 기업은 한국기업평가, 정상제이엘에스, SK하이닉스입니다. 다음 표는 세 기업의 주당순이익, 주당배당금, 배당수익률, 배당성향에 관한 내용입니다. 과연 주어진 정보를 바탕으로 한국기업평가, 정상제이엘에스, SK하이닉스의 내년 주당배당금을 어떻게 계산할 수 있을까요?

|한국기업평가의 주당순이익, 배당에 관한 사항|

	2017	2018	2019	2020	2021
EPS(원)	3,401	3,567	4,483	4,395	4,787
주당배당금(원)	2,250	2,360	8,618	2,907	
배당수익률(%)	4.16	4.56	14.73	2.84	
배당성향(%)	64.99	65.01	188.86	64.98	

* 2021년 데이터는 가상의 값
* 출처: 네이버금융, 한국기업평가

|정상제이엘에스의 주당순이익, 배당에 관한 사항|

	2017	2018	2019	2020	2021
EPS(원)	525	227	489	428	417
주당배당금(원)	430	430	430	430	
배당수익률(%)	5.72	6.16	5.68	6.83	
배당성향(%)	69.24	159.92	74.3	84.96	

* 2021년 데이터는 가상의 값
* 출처: 네이버금융, 정상제이엘에스

| SK하이닉스의 주당순이익, 배당에 관한 사항 |

	2017	2018	2019	2020	2021
EPS(원)	14,617	21,346	2,755	6,532	12,149
주당배당금(원)	1,000	1,500	1,000	1,170	
배당수익률(%)	1.31	2.48	1.06	0.99	
배당성향(%)	6.63	6.6	34.1	16.83	

* 2021년 데이터는 가상의 값
* 출처: 네이버금융, SK하이닉스

먼저 한국기업평가입니다. 한국기업평가는 높은 배당성향을 기록하고 있습니다. 2019년에는 배당성향이 무려 188%를 넘겼습니다. 다만 2019년을 제외한 나머지 3개 년도 배당성향은 65% 내외로 일정한 모습입니다. 따라서 특별한 일이 없다면 2021년 역시 65% 수준의 배당성향을 기록할 것으로 보입니다. 배당성향이 비이성적으로 높은 2019년을 제외하고 2017년, 2018년, 2020년의 평균 배당성향은 64.99%입니다. 2021년 예상 주당순이익 4,787원에 64.99%를 곱하면 예상 주당배당금은 3,111원이 됩니다.

다음은 정상제이엘에스입니다. 정상제이엘에스의 배당성향도 매우 높은 편입니다. 그러나 한국기업평가처럼 꾸준하지는 않습니다. 반면 주당배당금이 2017년부터 2020년까지 매년 430원인 것을 알 수 있습니다. 따라서 정상제이엘에스는 실적 증감 여부와 상관없이 2021년에도 주당 430원의 배당금을 책정할 가능성이 높습니다.

마지막으로 SK하이닉스입니다. SK하이닉스의 배당성향은 들쑥날쑥합니다. 배당금도 일정하지 않죠. 실적이 부진했던 2019년도에는 배당성향을 34.1%까지 높여 주당배당금을 1,000원으로 맞췄습니다. 반면 양호한 실적을 기록한 2018년에는 배당성향을 6.6%로 낮춰 주당배당금이 1,500원이었습니다. 전반적으로 주당배당금을 1,000원 내외로 맞추려고 하지만, 배당성향이나 배당금이 일정하지 않기 때문에 SK하이닉스의 2021년 주당배당금은 계산하기 어렵습니다.

정리하면 한국기업평가, 정상제이엘에스는 비교적 논리적으로 2021년 주당배당금 예측이 가능합니다. 이는 일관된 배당정책을 지속하고 있기 때문입니다. 반면 배당정책이 그때그때 달라지는 SK하이닉스의 배당금은 예측하기 어렵습니다.

배당주 포트폴리오
구성 핵심팁

주목해야 할 배당주의 유형을 알아봤다면, 이젠 그중에서 투자할 만한 배당주를 고를 차례입니다. 배당주로 포트폴리오를 구성할 땐 다음과 같은 기준으로 종목을 선정해야 합니다.

배당수익률이 시중은행 금리보다 높은 기업

배당주의 매력은 금리에 따라 상대적으로 결정됩니다. 따라서 배당주를 고를 때는 배당수익률이 최소 시중은행 금리보다 높아야 합니다. 특히 고배당주는 배당수익률이 시중은행 이자율의 2배는 되어야 합니다. 실적이 성장하면서 배당금도 함께 늘어나는 배당성장주에 투자한다면 배당수익률이 시중은행 이자율보다 높은 기업을 고릅니다.

그렇다면 배당수익률이 극단적으로 높은 기업은 투자하기 좋은 배당주일까요? 이런 유형은 오히려 조심할 필요가 있습니다. 먼저 해당 배당수익률은 일회성일 가능성이 있습니다. 최대주주가 상속, 증여 등의 이유로 돈이 필요해 일시적으로 배당금을 크게 늘렸을 가능성도 생각해봐야 합니다.

다음으로는 실적이 정체되거나 차츰 감소하는 기업일 가능성이 있습니다. 성장성이 없어 시장에서 소외되다 보니 주가가 하락해 배당수익률이 높아지는 것입니다. 이런 기업은 한동안은 높은 배당수익률을 기록한다 하더라도 향후 배당금이 감소할 가능성이 있습니다. 배당주 투자도 결국 주식에 투자하는 것입니다. 높은 배당수익률에 현혹되어 투자했다가 주가가 하락해 원금 손실이 발생한다면 결국 투자에 실패하게 됩니다.

5년 이상 꾸준한 배당정책을 펼치는 기업

앞서 매년 같은 배당금을 책정하는 기업, 배당금을 늘리는 기업, 배당성향을 유지하는 기업에 대해 알아봤습니다. 이처럼 한결같은 배당정책을 유지하는 기업이 배당주로 적합합니다. 한결같음의 기준은 5년간 같은 배당정책을 유지했느냐입니다. 통계청에 따르면 우리나라의 경기순환 주기는 평균 4년 1개월입니다. 4~5년이란 기간 동안 호황과 불황이 한 번씩 발생한다는 뜻이죠. 따라서 호황기와 불황기를 겪으면서도 꾸준한 배당정책을 유지했다면 신뢰할 만한 배당주로 판단할 수 있습니다. 한편 신규 상장했거나, 최근 주주환원 정책을 세워 데이터가 부족한 기업은 최근 3년 배당에 관한 정보를 참고합니다.

최대주주의 지분이 많을수록 배당에 신경 쓸 가능성이 높습니다. 최대주주가 합법적으로 기업에서 돈을 회수하는 방법은 배당입니다. A기업은 최대주주의 지분이 15%입니다. A기업이 100억 원을 배당하면 최대주주는 배당으로 15억 원(세전)을 수취합니다. 그러나 나머지 85억 원은 다른 주주들의 몫입니다. 반면 최대주주의 지분이 60%인 B기업이 같은 액수를 배당하면, 소액주주들이 가져가는 배당금은 40억 원에 불과합니다. 최대주주는 이보다 많은 60억 원을 손에 쥐게 됩니다. 다른 조건이 같다면 A기업과 B기업 중 어느 기업이 배당에 힘을 쓸까요? 당연히 최대주주 지분이 많은 B기업일 것입니다. 한편 2020년 9월 말 기준 상장사들의 평균 최대주주 보유 지분율은 39.3%입니다.

최대주주의 보유 지분은 사업보고서의 'Ⅶ. 주주에 관한 사항'에서 확인할 수 있습니다. 주주에 관한 사항은 회사의 최대주주 및 특수관계인이 누군지, 보유 지분은 얼마나 되는지를 보여줍니다. 2020년 9월 말 기준 삼성전자의 최대주주는 고(故) 이건희 회장으로 보통주 기준 지분 4.18%를 보유하고 있습니다. 일반적으로 최대주주 보유 지분이라고 한다면 특수관계인 보유분까지 포함합니다. 삼성전자의 경우 특수관계인까지 포함하면 최대주주 보유 지분은 21.20%(보통주 기준)입니다.

알아두세요

특수관계인

최대주주의 배우자 및 친인척, 최대주주가 30% 지분을 출자한 법인 등

| 삼성전자 사업보고서 'Ⅶ. 주주에 관한 사항' |

(단위: 주, %)

성명	관계	주식의 종류	소유주식수 및 지분율				비고
			기초		기말		
			주식수	지분율	주식수	지분율	
이건희	최대주주 본인	보통주	249,273,200	4.18	249,273,200	4.18	-
이건희	최대주주 본인	우선주	619,900	0.08	619,900	0.08	-
삼성물산㈜	계열회사	보통주	298,818,100	5.01	298,818,100	5.01	-
삼성복지 재단	출연 재단	보통주	4,484,150	0.08	4,484,150	0.08	-
삼성문화 재단	출연 재단	보통주	1,880,750	0.03	1,880,750	0.03	-
홍라희	최대주주의 배우자	보통주	54,153,600	0.91	54,153,600	0.91	-
이재용	최대주주의 자	보통주	42,020,150	0.70	42,020,150	0.70	-
삼성생명 보험㈜	계열회사	보통주	508,157,148	8.51	508,157,148	8.51	-
삼성생명 보험㈜	계열회사	우선주	43,950	0.01	43,950	0.01	-
삼성생명 보험㈜ (특별계정)	계열회사	보통주	18,286,593	0.31	17,379,816	0.29	장내매매

삼성생명보험㈜ (특별계정)	계열회사	우선주	1,352,563	0.16	690,301	0.08	장내매매
삼성화재해상보험㈜	계열회사	보통주	88,802,052	1.49	88,802,052	1.49	-
김기남	발행회사 임원	보통주	200,000	0.00	200,000	0.00	-
김현석	발행회사 임원	보통주	99,750	0.00	99,750	0.00	-
고동진	발행회사 임원	보통주	75,000	0.00	75,000	0.00	-
한종희	발행회사 임원	보통주	0	0.00	5,000	0.00	신규선임
안규리	발행회사 임원	보통주	800	0.00	2,300	0.00	장내매매
김한조	발행회사 임원	보통주	2,175	0.00	2,175	0.00	-
이상훈	발행회사 임원	보통주	16,000	0.00	0	0.00	이사사임
계		보통주	1,266,269,468	21.21	1,265,353,191	21.20	-
		우선주	2,016,413	0.25	1,354,151	0.16	-

• 출처: 삼성전자 2020년 3분기 분기보고서

실적 안정성이 높은 기업

배당수익률, 꾸준한 배당정책, 최대주주 지분보다 중요한 것이 있습니다. 바로 실적 안전성입니다. 배당의 재원은 배당가능이익입니다. 배당가능이익은 자본총계에서 자본금을 제외하고 추가로 적립해야 할 금액을 차감한 것입니다. 적자를 기록해도 배당가능이익이 존재한다면 배당이 가능합니다. 그러나 배당가능이익은 결국 기업의 이익잉여금에서 비롯됩니다. 실적이 들쭉날쭉한 기업은 이익잉여금이 차곡차곡 쌓이기 힘들기 때문에 한결같은 배당정책을 유지할 수 없습니다. 최대주주 지분이 많아도 실적이 부진하다면 꾸준한 배당은 희망사항에 불과합니다. 따라서 향후 꾸준한 고배당정책을 유지시키기 충분한 실적 안전성을 갖춘 기업을 발굴하는 것이 무엇보다 중요합니다.

실적 안전성을 파악하기 위한 기간은 5년이 적절합니다. 추가로 매출액 성장률이 국내총생산(GDP) 성장률 이상인 기업에 투자하는 것이 좋습니다. 인플레이션으로 돈의 가치는 지속적으로 하락합니다. 이런 상황에서 매출액이 정체되어 있다면, 해당 기업은 사실상 쇠퇴기에 접어든 것과 다름없습니다. 배당주 역시 주식에 투자하는 것입니다. 배당금도 중요하지만 원금의 안전성이 무엇보다 중요합니다. 배당금을 받아도 주가 하락으로 인한 손실이 더 크다면 성공한 투자가 될 수 없습니다. 따라서 배당금은 받으면서 장기적으로 주가가 오를 만한 기업을 골라야 합니다.

재투자의 필요성이 적은 기업

마지막으로 벌어들이는 이익을 차곡차곡 잘 쌓고 있는 기업에 주목해야 합니다. 아무리 돈을 잘 번다 하더라도 기업이 영속하기 위해서는 재투자가 필요한 때가 있습니다. 대표적으로 연구개발이나 설비투자, 다른 기업을 인수하는 경우를 들 수 있지요. 물론 이런 행위 자체는 문제 될 것이 없습니다. 오히려 적절한 연구개발, 설비투자, M&A는 기업가치를 올리는 데 큰 도움이 됩니다. 문제는 늘 벌어들인 돈으로 재투자를 해야 하는 상황입니다. 이런 기업은 주주환원에 사용할 돈이 없습니다. 따라서 배당주를 고른다면 아무리 돈을 잘 번다 하더라도 이 중 대부분을 재투자로 쓰는 기업은 거르는 것이 좋습니다.

이익이 잘 쌓이고 있는지 파악하는 지표를 잉여현금흐름(Free Cash

Flow, FCF)이라고 합니다. 잉여현금흐름은 기업이 벌어들인 매출에서 실제 유입된 돈과 시설투자 비용 등을 전부 차감하고 남은 현금을 말합니다.

그렇다면 잉여현금흐름은 순이익과 무엇이 다를까요? 순이익은 장부상 이익입니다. 기업은 제품과 서비스를 제공하는 즉시 매출이 발생합니다. 그런데 장부상 매출이 발생하는 것이지 실제 현금이 들어오는 것은 아닙니다. 신용카드 결제를 생각하면 쉽습니다. 마트나 장을 볼 때 우리는 손쉽게 신용카드를 사용합니다. 그런데 신용카드를 긁는다고 해서 곧바로 내 통장에서 돈이 빠져나가지 않죠. 이처럼 원재료를 매입할 때 지출한 돈도 제품이 팔리기 전까지 손익계산서상에서는 비용으로 잡히지 않습니다. 공장을 짓거나 다른 기업을 인수할 때 사용되는 돈도 비용으로 잡히지 않지요. 따라서 장부상 순이익과 실제 기업이 경영활동을 위해 이것저것 지출하고 남은 순수 현금은 다릅니다. 주주들에게 꾸준히 배당을 지급하기 위해서는 잉여현금흐름을 플러스(+)로 유지해야 합니다.

|장부상 이익과 잉여현금 비교|

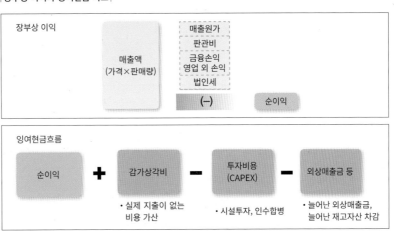

담배와 건강기능식품 제조 기업인 KT&G는 실적에 따라 잉여현금흐름도 꾸준히 플러스를 유지하고 있습니다. 지난 5년(2016~2020년)간 매출액은 점진적으로 늘었으며, 순이익 역시 꾸준히 흑자를 유지했습니다. 같은 기간 잉여현금흐름도 약간의 변동성은 있지만 플러스를 기록하고 있습니다. 재투자가 크게 필요 없어 벌어들이는 이익이 잘 쌓이는 기업입니다.

드라마 제작사인 스튜디오드래곤의 매출액은 최근 5년간 꾸준히 증가했습니다. 같은 기간 순이익도 296억 원으로 크게 성장했습니다. 반면 잉여현금흐름은 지속적으로 마이너스를 기록했습니다. 실적 성장을 위해 과감한 재투자를 지속한 까닭에 돈을 벌어도 주주들에게 나눠줄 만한 돈은 부족했던 것입니다. 실제 KT&G는 5년간 점진적으로 배당금을 높였으며, 배당수익률도 3~5%를 유지하고 있습니다. 반면 스튜디오드래곤은 배당을 지급한 적이 없습니다.

|KT&G 실적, 잉여현금흐름, 배당에 관한 사항|

	2016	2017	2018	2019	2020
매출액(억 원)	44,689	46,672	44,715	49,632	53,016
순이익(억 원)	12,032	12,114	9,034	10,372	11,716
잉여현금흐름(억 원)	13,380	8,419	4,683	8,202	10,456
주당배당금(원)	3,600	4,000	4,000	4,400	4,800
배당수익률(%)	3.56	3.46	3.94	4.69	5.78

* 출처: KT&G, 네이버금융

|스튜디오드래곤 실적, 잉여현금흐름, 배당에 관한 사항|

	2016	2017	2018	2019	2020
매출액(억 원)	1,544	2,868	3,796	4,687	5,257
순이익(억 원)	81	238	358	264	296
잉여현금흐름(억 원)	-135	-73	-293	-128	-20
주당배당금(원)					
배당수익률(%)					

* 출처: 스튜디오드래곤, 네이버금융

한편 기업의 잉여현금흐름은 사업보고서상 재무제표 원문에서는 따로 제공하지 않습니다. 따라서 각종 증권 관련 포털에서 제시하고 있는 값을 참조합니다. 네이버금융 사이트에서 종목을 검색한 후 [종목분석] − [기업현황] − [Financial Summary] 경로로 들어가면 분기, 연간 기준으로 잉여현금흐름을 확인할 수 있습니다.

| 네이버금융에서 조회한 삼성전자 Financial Summary |

주요재무정보	연간				분기			
	2017/12 (IFRS연결)	2018/12 (IFRS연결)	2019/12 (IFRS연결)	2020/12(E) (IFRS연결)	2020/03 (IFRS연결)	2020/06 (IFRS연결)	2020/09 (IFRS연결)	2020/12(E) (IFRS연결)
매출액	2,395,754	2,437,714	2,304,009	2,371,630	553,252	529,661	669,642	618,949
영업이익	536,450	588,867	277,685	366,852	64,473	81,463	123,532	97,440
영업이익(발표기준)	536,450	588,867	277,685		64,473	81,463	123,532	
세전계속사업이익	561,960	611,600	304,322	382,188	67,569	77,697	128,441	105,179
당기순이익	421,867	443,449	217,389	275,506	48,849	55,551	93,607	76,182
당기순이익(지배)	413,446	438,909	215,051	273,157	48,896	54,890	92,668	71,443
당기순이익(비지배)	8,422	4,540	2,338		-47	661	939	
자산총계	3,017,521	3,393,572	3,525,645	3,751,658	3,574,575	3,579,595	3,757,887	3,751,658
부채총계	872,607	916,041	896,841	936,084	910,698	881,517	996,526	936,084
자본총계	2,144,914	2,477,532	2,628,804	2,815,779	2,663,877	2,698,078	2,761,362	2,815,779
자본총계(지배)	2,072,134	2,400,690	2,549,155	2,732,840	2,584,818	2,617,454	2,679,421	2,732,840
자본총계(비지배)	72,780	76,842	79,649		79,060	80,625	81,940	
자본금	8,975	8,975	8,975	8,979	8,975	8,975	8,975	8,979
영업활동현금흐름	621,620	670,319	453,829	572,889	118,299	147,982	141,444	
투자활동현금흐름	-493,852	-522,405	-399,482	-369,861	-85,292	-24,115	-239,889	
재무활동현금흐름	-125,609	-150,902	-94,845	-96,864	-29,736	-38,591	4,994	
CAPEX	427,922	295,564	253,678	349,915	85,643	98,778	85,372	
FCF	193,698	374,755	200,152	226,414	32,656	49,204	56,072	

* 출처: 네이버금융

007 ▷ 배당주 언제 사고, 언제 팔까?

찬바람 불면 생각나는 배당주

'찬바람 불면 배당주를 담으라'라는 증시 격언이 있습니다. 12월을 앞두고 연말 배당 기대감이 커지기 때문입니다. 따라서 이르면 10월, 11월부터 증권가 여기저기에서는 배당주를 추천하는 콘텐츠가 쏟아져 나옵니다. 그렇다면 정말 찬바람 불 때 배당주를 투자하는 것이 좋을까요?

| '찬바람 배당주' 키워드로 검색한 네이버 기사 화면 |

• 출처: 네이버 뉴스 검색 화면

겨울에 사서, 겨울에 팔아라

이를 알아보기 위해 월평균 코스피 고배당 50 지수와 코스피 지수의 수익률을 비교해봤습니다. 조사 기간은 코스피 고배당 50 지수가 발표되기 시작한 2009년 8월부터 2020년 12월까지입니다. 코스피 고배당 50 지수가 코스피 지수의 수익률을 웃돈 월은 2월(0.9%P), 4월(1.3%P), 5월(0.5%P), 7월(1.3%P), 8월(0.2%P), 10월(1.2%P)입니다. 반면 1월(-0.8%P), 3월(-0.5%P), 6월(-0.6%P), 9월(-0.1%P), 11월(-0.1%P), 12월(-2.1%P)은 코스피 고배당 50 지수가 코스피 지수만 못했습니다. 정리하면 봄과 여름은 배당주가 시장에 비해 강한 면모를 보이며, 겨울은 부진했습니다.

| 월평균 코스피 고배당 50, 코스피 지수 수익률 |

	코스피 고배당 50 (A)	코스피 (B)	(A) - (B)
1월	-0.1%	0.7%	-0.8%P
2월	0.3%	-0.6%	0.9%P
3월	0.4%	0.9%	-0.5%P
4월	3.6%	2.3%	1.3%P
5월	-0.7%	-1.2%	0.5%P
6월	-0.7%	-0.1%	-0.6%P
7월	2.6%	1.3%	1.3%P
8월	-0.9%	-1.0%	0.2%P
9월	1.7%	1.8%	-0.1%P
10월	0.4%	-0.9%	1.2%P
11월	0.9%	1.0%	-0.1%P
12월	0.2%	2.2%	-2.1%P

* 출처: 한국거래소, 기간: 2009년 8월~2020년 12월

이는 당연한 결과입니다. 배당주는 시간가치가 있습니다. 가령 1년에 한 번, 연말을 기준으로 배당을 지급하는 업체가 있습니다. 이 주식은 연말 배당기준일이 지나면 배당을 받을 수 있는 권리가 사라집니다. 얼마 전까지만 해도 며칠만 보유하면 배당을 받을 수 있었는데, 이제 배당을

받기 위해 1년 남짓 기다려야 하는 상황이 발생합니다. 당연히 가치가 하락할 수밖에 없습니다. 따라서 배당주는 배당락이 발생한 이후 소외되기 시작하며 가장 싸게 거래됩니다. 반면 시간이 지날수록 배당주의 가치는 올라갑니다. 점점 배당을 받을 수 있는 시점이 다가오기 때문입니다.

앞서 통계를 보면 코스피 고배당 50 지수는 11월부터 코스피 지수에 뒤처지는데요. 이는 이미 시간가치를 반영해 10월까지 올랐기 때문입니다. 따라서 찬바람이 불 때 배당주에 관심을 갖는다면 늦을 수 있습니다. 진정 배당주에 관심을 가져야 하는 타이밍은 배당락 직후인 1월입니다. 장기간 보유해 꾸준히 배당을 받을 목적이 아니라면 배당락 직후에 사서 배당기준일 전 배당주의 주가가 최고조에 달할 때 매도하는 것이 좋습니다.

008 배당성향으로 어닝서프라이즈 예측하기

009 상속과 증여 이벤트에서 찾는 배당투자 아이디어

010 외국인은 배당을 좋아해

011 사모펀드가 주인인 기업

셋째
마당

수익률을 높이는
배당투자 고급전략

최대주주의 별세나 변경, 투자 기회가 될 수 있을까?

2020년 10월, 고배당 씨는 이건희 삼성전자 회장의 별세 소식을 접했습니다. 그런데 다음 날 주식시장이 열리자마자 삼성그룹 주식들의 주가가 크게 부각되는 것을 보고 놀랐습니다. 주가가 오른 이유가 궁금하여 기사를 찾아보니 상속세 이슈 때문인 것을 알 수 있었습니다. 고 이건희 회장이 보유한 주식이 상속될 경우 천문학적인 상속세가 발생하는데, 이를 마련하기 위해 삼성그룹 주식들의 배당 확대가 불가피하다는 해석이었습니다.

고배당 씨는 지인에게 간혹 최대주주가 별세하거나, 변경되는 주식의 경우 배당 확대로 주가가 급등한다는 얘기를 들은 것이 생각났습니다. 그런데 사례를 찾아보니 회사의 주인이 바뀐다고 해서 모든 주식이 폭탄 배당을 하는 것은 아니었습니다. 과연 최대주주 변경으로 배당을 늘리는 주식과 그렇지 않은 주식의 차이는 무엇인지 고배당 씨는 궁금해지기 시작했습니다. 만약 두 주식의 차이를 구분할 수 있다면 좋은 투자 기회를 만들 수 있기 때문입니다.

배당성향으로
어닝서프라이즈 예측하기

앞서 '5. 주목해야 할 배당주의 유형' 장에서 배당성향이 꾸준한 기업에 대해 알아봤습니다. 배당성향이 일정한 기업은 순이익과 배당총액이 같은 방향으로 움직입니다. 순이익이 증가하면 배당금도 증가하고 반대로 순이익이 감소하면 배당금도 줄어듭니다. 따라서 둘 중 하나만 알면, 나머지 변수도 유추할 수 있습니다.

|이크레더블 현금·현물 배당결정 공시|

1. 배당구분		결산배당
2. 배당종류		현금배당
− 현물자산의 상세내역		–
3. 1주당 배당금(원)	보통주식	740
	종류주식	-
− 차등배당 여부		미해당
4. 시가배당률(%)	보통주식	3.9
	종류주식	-
5. 배당금총액(원)		8,912,264,000
6. 배당기준일		2019-12-31
7. 배당금지급 예정일자		-
8. 승인기관		주주총회
9. 주주총회 예정일자		-
10. 이사회 결의일(결정일)		2020-02-10

– 사외이사 참석여부	참석(명)	1
	불참(명)	-
– 감사(감사위원) 참석여부		참석

• 출처: 전자공시시스템, 기준일: 2020. 2. 10.

B2B 신용인증서비스 업체 이크레더블은 2020년 2월 10일, 2019년 결산배당금을 발표했습니다. 1주당 배당금은 740원으로 시가배당률은 3.9%입니다. 배당총액은 89억 1,226만 원입니다. 당시 시중 예금 금리가 1.5~2.0%인 것을 감안하면 매력적인 배당수익률입니다. 대부분의 투자자는 "와, 이크레더블 대박이네. 투자한 사람들은 좋겠다."라고 말하며 넘어가곤 하는데요. 남부러워하고 끝난다면 좋은 투자 기회를 놓칠 수 있습니다.

| 이크레더블의 배당에 관한 사항 |

	2015	2016	2017	2018	2019
주당배당금(원)	420	530	530	670	740
배당수익률(%)	4.33	4.02	3.64	4.27	3.99
배당성향(%)	64.91	64.84	58.53	64.43	발표 전

• 출처: 네이버금융

이크레더블의 최근 5년간 배당성향을 확인해보면 2017년을 제외하고 매년 65% 내외를 기록했습니다. 매년 순이익의 65%를 배당으로 지급한다는 의미입니다. 특별한 일이 없다면 2019년 역시 65%의 배당성향을 기록할 가능성이 높습니다. 배당성향은 '배당총액/순이익'으로 계산됩니다. 그렇다면 순이익은 '배당총액/배당성향'으로 나타낼 수 있습니다. 이 공식을 통해 이크레더블의 2019년 연간 순이익을 계산해보겠습니다.

2019년 배당총액은 89억 1,226만 원입니다. 이를 2019년 예상 배당성향 65%로 나누면 137억 1,117만 원이 나옵니다. 즉 137억 1,117만 원이 이크레더블의 2019년 예상 연결 순이익인 것입니다. 2018년 연결 순이

알아두세요

연결 순이익

연결 순이익은 연결 손익계산서에 기재된 순이익이다. 연결 손익계산서는 모회사 실적에 자회사 실적까지 더한 후 내부거래를 차감해 작성한다.

익이 125억 2,475만 원인 것을 감안하면, 이크레더블의 2019년 연결 순이익은 전년 대비 9.5% 증가할 것으로 기대됩니다.

그렇다면 현금배당 발표 시점에 아직 공시되지 않은 이크레더블의 4분기 연결 순이익은 얼마일까요? 3분기 누적 이크레더블의 연결 순이익은 129억 4,699만 원입니다. 137억 1,117만 원에서 129억 4,699만 원을 차감하면 7억 6,418만 원입니다. 2018년 이크레더블의 4분기 연결 순이익이 7억 3,690억 원이니 이크레더블의 4분기 연결 순이익은 전년 동기와 비슷한 수준이라고 판단할 수 있습니다.

실제 이크레더블은 2020년 3월 2일 감사보고서 제출을 통해 2019년 연간 실적을 투자자들에게 알렸습니다. 2019년 연결 순이익은 136억 5,153만 원으로 발표되었고 이는 배당총액과 예상 배당성향을 통해 예측한 137억 1,117만 원과 거의 비슷한 수준입니다.

상속과 증여 이벤트에서 찾는 배당투자 아이디어

2020년 10월 25일 삼성전자 이건희 회장의 별세 소식이 전해졌습니다. 다음 날 장이 시작되자마자 일부 삼성그룹 주가가 부각됐는데요. 이건희 회장이 별세하자 경영권 승계 이슈가 부각됐기 때문입니다. 당시 이 회장이 보유한 삼성그룹 주식 지분 가치는 20조 원에 달했습니다. 이에 따라 11조 원에 달하는 상속세가 발생했는데, 한국은 OECD 국가 중에서 상속세율이 높은 편입니다. 상속세 최고세율은 50%로 일본(55%)에 이어 2위입니다. 또한 최대주주 지분을 물려받는 경영권 승계의 경우 최대 10~30%의 할증세가 붙습니다. 증여세도 상속세와 같습니다.

| 상속, 증여세율 |

과세표준	1억 원 이하	5억 원 이하	10억 원 이하	30억 원 이하	30억 원 초과
세율	10%	20%	30%	40%	50%
누진공제액	없음	1천만 원	6천만 원	1억 6천만 원	4억 6천만 원

* 출처: 국세청

| OECD 주요국 상속인별 최고 상속세율 |

국가	배우자	자녀 및 부모	제삼자
한국	50	50	50
일본	55	55	55
미국	40	40	40
영국	비과세	40	40
프랑스	비과세	45	60

| 독일 | 30 | 30 | 50 |
| 이탈리아 | 4 | 4 | 8 |

* 한국은 최대주주 경영권 프리미엄 할증 적용 시 최대 65%
* 출처: 국회입법조사처, 단위: %

재계 순위 1위인 삼성그룹 최대주주 일가라고 해도 10조 원이 넘는 세금을 감당하기는 힘듭니다. 상장사 최대주주 일가는 재산의 상당 부분을 현금이 아닌 주식으로 보유하고 있기 때문입니다. 따라서 최대주주 일가가 보유한 주식을 활용해 상속세 납부 및 원활한 경영권 승계를 진행할 것이라는 기대감이 삼성그룹 주가에 영향을 줬습니다. 배당 확대 기대감도 이 중 하나입니다.

최대주주 일가가 합법적으로 회사에서 돈을 회수하는 방법은 두 가지가 있습니다. 먼저 보유하고 있는 주식을 파는 것입니다. 그런데 보유 주식을 팔면 회사에 대한 지배력이 낮아집니다. 특별한 경우가 아니라면 최대주주 일가가 선택할 가능성이 낮은 옵션입니다. 두 번째는 배당입니다. 회사가 배당을 지급하면 최대주주 일가는 보유한 지분만큼 현금을 확보할 수 있습니다. 때문에 대규모 상속세 또는 증여세 납부 이슈가 발생하면 일반적으로 배당 확대 기대감이 생깁니다.

이 밖에 유상감자를 진행하기도 합니다. 유상감자란 자본금을 줄이는 대가로 주주들에게 현금을 지급하는 것입니다. 가령 50% 유상감자를 진행하는 기업은 주주들이 보유한 주식의 절반을 매수합니다. 주주들에게 사들인 주식은 소멸됩니다.

영풍제지 사례

지관용원지 및 라이너원지를 제조하는 영풍제지는 2013년 1월 3일 최대주주 변경 공시를 냈습니다. 창업주인 이무진 회장에서 노미정 씨로 최대주주가 변경된다는 내용입니다. 노 씨는 영풍제지의 부회장으로 이 회장의 부인입니다. 최대주주 변경 사유는 '증여'입니다. 정리하면 이 회장이 부인인 노 부회장에게 지분 51.28%를 증여한 것입니다. 이에 따라 노 부회장의 지분율은 종전 4.36%에서 55.64%로 늘었습니다.

| 영풍제지 최대주주 변경 |

1. 변경내용	변경 전	최대주주등	이무진 외 1인
		소유주식수(주)	1,235,182
		소유비율(%)	55.64
	변경 후	최대주주등	노미정
		소유주식수(주)	1,235,182
		소유비율(%)	55.64
2. 변경사유			증여
3. 지분인수목적			-
– 인수자금 조달방법			-
– 인수 후 임원 선·해임 계획			-
4. 변경일자			2012-12-26
5. 변경확인일자			2012-12-26
6. 기타 투자판단에 참고할 사항			-

• 기준일: 2013. 1. 3.

| 세부 변경 내역 |

성명(법인)명	관계	변경 전		변경 후		비고
		주식수(주)	지분율(%)	주식수(주)	지분율(%)	
이무진	변경 전 최대주주	1,138,452	51.28	0	0	-
노미정	변경 후 최대주주	96,730	4.36	1,235,182	55.64	-

• 출처: 전자공시시스템

상장회사의 지분을 50% 넘게 증여했다면 세금 이슈에 직면할 수밖에 없습니다. 세법에 따르면 상장주식의 상속이나 증여재산은 상속, 증여 개시일 전후 각 2개월간에 공표된 매일의 최종시세가액(거래실적의 유무를 불문함)의 평균액으로 평가합니다. 영풍제지의 최대주주 변경일은 2012년 12월 26일입니다. 따라서 과세의 기준이 되는 증여재산은 2012년 10월 26일부터 2013년 2월 25일까지 영풍제지의 종가를 산술평균해 구할 수 있습니다.

이때 증여일 종가 1만 6,800원으로 증여세를 어림잡아 계산해보겠습니다. 먼저 증여재산은 증여주식수 113만 8,452주에 1만 6,800원을 곱합니다. 중소기업이 아닐 경우 최대주주가 경영권 승계를 동반한 지분 50% 이상 증여 시 증여재산의 30%를 할증해야 합니다. 여기에서 배우자 공제 6억 원을 차감해주면 242억 6,379만 원입니다. 세법상 증여재산 30억 원이 넘으면 최고세율인 50%가 적용됩니다. 242억 6,379만 원에 세율 50%를 곱한 후 누진공제액 4억 6,000만 원을 차감하면 최종적으로 증여세 116억 7,189만 원이 산출됩니다.

증여일 종가로 계산한 영풍제지 증여세 계산
- **증여세 과세표준:** 113만 8,452주 × 1만 6,800원(증여일 종가) × 130%(경영권 승계 할증) = 248억 6,379만 원
- **증여세:** (248억 6,379만 원 – 6억 원(배우자 공제)) × 50%(세율) – 4.6억 원(누진공제액) = 116억 7,189만 원
- * 계산의 편의를 위해 감정평가수수료, 기타세액공제 등은 생략

|증여공제|

증여자	배우자	직계존속	직계비속	기타친족	기타
공제한도액	6억 원	5천만 원 (수증자가 미성년자인 경우 2천만 원)	5천만 원	1천만 원	없음

* 출처: 국세청

어림잡아도 노 부회장이 내야 할 세금은 무려 116억 원에 달합니다. 노 부회장이 1백억 원이 넘는 현금을 갖고 있는 것이 아니면 해당 세금을 감당하기 어렵습니다. 최대주주 변경 발표 후 얼마 지나지 않아 영풍제지는 파격적인 배당을 실시합니다.

1. 배당구분		결산배당
2. 배당종류		현금배당
− 현물자산의 상세내역		-
3. 1주당 배당금(원)	보통주식	2,000
	종류주식	-
4. 시가배당률(%)	보통주식	11.97
	종류주식	-
5. 배당금총액(원)		3,692,820,000
6. 배당기준일		2012-12-31
7. 배당금지급 예정일자		-
8. 주주총회 개최여부		미개최
9. 주주총회 예정일자		2013-03-15
10. 이사회결의일(결정일)		2013-02-26

* 출처: 전자공시시스템, 기준일: 2013. 2. 26.

1주당 배당금은 2,000원으로 지난해 250원 대비 8배나 늘었습니다. 배당수익률은 무려 11.97%입니다. 당시 시중은행 예금 금리가 3% 내외인 것을 감안하면 파격적인 배당수익률입니다. 노 부회장의 증여세 마련을 위해 실시한 배당이라고 짐작할 수 있는 대목입니다. 배당공시를 발표한 다음 날 영풍제지 주가는 장중 상한가를 기록하기도 했습니다.

| 영풍제지 주가 추이 |

* 출처: 키움증권 HTS

이후로도 영풍제지는 2014년과 2015년 같은 규모의 배당을 발표합니다. 영풍제지의 고배당 정책은 2015년 사모펀드에 매각될 때까지 지속됩니다.

| 영풍제지 연도별 배당총액 | (단위: 억 원)

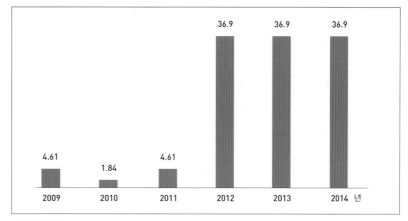

* 출처: 영풍제지

천일고속 사례

고속버스 운영 및 임대업을 하고 있는 천일고속은 2015년 4월 최대주주 변경 공시를 냈습니다. 최대주주가 박재명 전 대표에서 박도현 대표로 변경된다는 내용입니다. 그런데 변경 전 최대주주 및 특수관계인의 지분율은 26.97%인데, 변경 후에는 85.87%까지 늘었습니다. 즉 이번 최대주주 변경은 박재명 전 대표가 박도현 대표에게 지분을 넘기면서 발생한 것이 아니라는 얘기입니다. 그렇다면 최대주주가 변경된 이유는 무엇일까요?

1. 변경내용	변경 전	최대주주등	박재명 외 13명
		소유주식수(주)	384,836
		소유비율(%)	26.97
	변경 후	최대주주등	박도현 외 3명
		소유주식수(주)	1,225,467
		소유비율(%)	85.87
2. 변경사유			수증
3. 지분인수목적			수증
– 인수자금 조달방법			-
– 인수 후 임원 선·해임 계획			-
4. 변경일자			2015-04-08
5. 변경확인일자			2015-04-08

* 출처: 전자공시시스템, 기준일: 2015. 4. 9.

이에 대한 해답은 최대주주 변경 공시의 '6. 기타 투자판단과 관련한 중요 사항'에 나와 있습니다. 종전 최대주주인 박재명 전 대표의 아버지는 박남수 전 대표입니다. 1977년 박남수 전 대표는 천일고속 지분 68.77%를 명의신탁에 의해 타인의 명의로 보유하고 있었습니다. 이에 따라 사업보고서상 박재명 전 대표가 천일고속의 최대주주로 등재되어 있었습니다. 그런데 2015년 4월 박남수 전 대표가 타인 명의로 보유하고 있던 지분 68.77%를 실명으로 전환하며 박도현 대표와 박주현 부사장에게 각각 증여했습니다. 정리하면 할아버지인 박남수 전 대표가 타인 명의로 보유한 천일고속 주식을 아들인 박재명 전 대표를 건너뛰고 손자인 박도현 대표와 박주현 부사장에게 각각 증여해 최대주주 변경이 일어난 것입니다.

 알아두세요

명의신탁

주식, 부동산 등의 재산을 자신의 이름이 아닌 다른 사람의 명의로 등기부에 등재한 뒤 실질 소유권을 행사하는 것

6. 기타 투자판단과 관련한 중요 사항	1) 1977년 상장 시부터 박남수는 발행주식 총수의 약 68.77%에 해당하는 982,944주를 명의신탁에 의하여 타인의 명의로 보유하고 있었고, 이에 따라 회사의 사업보고서 등 공시자료에는 자(子)인 박재명이 최대주주로 공시되어 왔음 2) 2015-04-08 박남수가 명의신탁에 의하여 보유하고 있던 주식 982,944주(약 68.77%)를 명의신탁의 해지에 의하여 실명전환하였으며, 실명전환 직후 박도현(변경 후 최대주주) 외 1명에게 이를 증여하였음 3) 상기 실명전환 및 증여에 따라 현 최대주주는 박도현으로 최종 변경되었음 ※ 상기 변동 내용의 소유 비율은 상법 제344조의3에 의한 의결권 없는 주식은 제외된 비율임

| 세부 변경 내역 |

성명(법인)명	관계	변경 전		변경 후		비고
		주식수(주)	지분율(%)	주식수(주)	지분율(%)	
박도현	변경 후 대주주	85,978	6.02	615,825	43.15	-
박주현	변경 후 대주주의 특수관계인	62,956	4.41	516,053	36.16	-
박재명	변경 후 대주주의 특수관계인	60,610	4.25	60,610	4.25	-
박정현	변경 후 대주주의 특수관계인	32,979	2.31	32,979	2.31	-

* 출처: 전자공시시스템

할아버지로 받은 지분은 박도현 대표 37.13%, 박주현 부사장 31.75%입니다. 60%가 넘는 지분을 무상으로 받았기 때문에 대규모 증여세가 발생할 수 있습니다. 증여일(4월 8일) 종가는 6만 2,600원으로 어림잡아 증여세를 계산해보면 다음과 같습니다.

> **증여일 종가로 계산한 천일고속 증여세 계산**
> - **증여세 과세표준:** 98만 2,944주 × 6만 2,600원(증여일 종가) × 130%(경영권 승계 할증) = 799억 9,198만 원
> - **증여세:** (799억 9,198만 원 × 50%(세율) − 4.6억 원(누진공제액)) × 130%(수증자가 증여자의 자녀가 아닌 직계비속이면 30% 할증) = 513억 9,679만 원
> * 계산의 편의를 위해 감정평가수수료, 기타세액공제 등은 생략

천일고속 증여세 계산에서 영풍제지의 사례와 달리 추가된 부분이 있습니다. 할아버지가 손자들에게 증여했기 때문에 증여세가 30% 할증됩니다. 세법상 수증자(재산을 물려받는 주체)가 증여자의 자녀가 아닌 직계비속인 경우 세액이 30% 할증됩니다. 즉 박도현 대표와 박주현 부사장에게 부과될 세금은 500억 원이 넘습니다. 당시 투자자들 사이에서는 대규모 증여세를 감당하기 위해 폭탄 배당을 실시할 것이란 기대감이 확대되었습니다. 이에 따라 천일고속 주가는 2015년 6월 한때 14만 원까지 상승하기도 했습니다.

| 천일고속 주가 추이 |

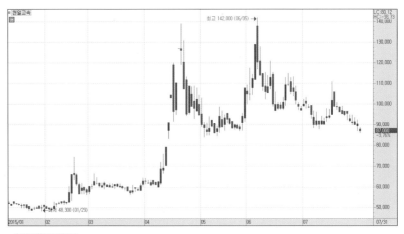

* 출처: 키움증권 HTS

실제 천일고속은 2016년 3월 3일 결산배당을 공시했습니다. 2010년 이후 5년 만에 실시하는 배당입니다. 주당배당금은 6,000원으로 배당수익률은 8.1%입니다. 이후 천일고속은 1년에 3~4번의 분기 배당을 실시하며 고배당주로 탈바꿈했습니다.

| 천일고속 현금·현물배당 결정 |

1. 배당구분	결산배당
2. 배당종류	현금배당
– 현물자산의 상세내역	-

3. 1주당 배당금(원)	보통주식	6,000
	종류주식	-
– 차등배당 여부		미해당
4. 시가배당률(%)	보통주식	8.1
	종류주식	-
5. 배당금총액(원)		8,562,324,000
6. 배당기준일		2015-12-31
7. 배당금지급 예정일자		-
8. 주주총회 개최여부		개최
9. 주주총회 예정일자		2016-03-25
10. 이사회결의일(결정일)		2016-03-03
– 사외이사 참석여부	참석(명)	-
	불참(명)	1
– 감사(사외이사가 아닌 감사위원) 참석여부		참석

* 출처: 전자공시시스템, 기준일: 2016. 3. 3.

상속, 증여로 인한 배당투자 시 주의할 점

① 세금이 적거나 발생하지 않을 수 있는 리스크

상속 및 증여 이벤트가 일어났다고 해서 무조건 엄청난 세금이 발생할까요? 예외도 있습니다. 우리나라는 중소기업, 중견기업의 원활한 가업 승계를 위해 '가업상속공제' 제도와 '가업승계에 대한 증여세 과세특례' 제도를 운영하고 있습니다.

가업상속공제란 피상속인이 생전에 10년 이상 경영한 중소기업 또는 중견기업을 상속인에게 정상적으로 승계한 경우 최대 500억 원까지 상속세를 공제해주는 제도입니다. 피상속인의 경영기간에 따라 공제액이 달라지는데, 10년 이상이면 200억 원, 20년 이상이면 300억 원, 30년 이상이면 500억 원입니다. 가업상속공제 요건에 해당하기 위해서는 상속인 역시 만 18세 이상이어야 하며, 상속개시일 전 2년 이상 가업에 종사해야 합니다.

또한 가업상속공제를 적용받았다 하더라도 상속인은 사후의무요건을 지켜야 합니다. 상속일로부터 7년 이내에 경영에서 물러나거나 상속재산의 20% 이상을 처분할 경우 공제받았던 세금을 도로 내야 합니다. 다음은 가업상속공제 해당 요건 및 상속인의 사후의무요건을 정리한 표입니다.

|가업상속공제의 적용 요건|

요건	구분	세부 요건
기업		피상속인이 10년 이상 계속하여 경영한 중소기업, 중견기업 * 중소기업, 중견기업에 대한 구체적인 요건은 국세청에서 발간한 '2020년 가업승계 지원제도 안내' 참조
피상속인	주식보유 기준	피상속인을 포함한 최대주주 등 지분 50%(상장법인은 30%) 이상을 10년 이상 계속하여 보유
	대표이사 재직 요건 (3가지 중 1가지 충족)	가업 영위기간의 50% 이상 재직
		상속개시일부터 소급하여 10년 중 5년 이상의 기간
		10년 이상의 기간
상속인	나이기준	만 18세 이상
	가업종사	상속개시일 전 2년 이상 가업에 종사 * 예외규정: 피상속인이 65세 이전에 사망, 피상속인이 천재지변 및 인재 등으로 사망
	취임기준	신고기한까지 임원취임 및 신고기한부터 2년 이내 대표이사 취임
	납부능력	가업이 중견기업에 해당하는 경우, 가업상속재산 외에 상속재산의 가액이 해당 상속인이 상속세로 납부할 금액에 2배를 초과하지 않을 것
	배우자	배우자가 요건 충족 시 상속인 요건 충족으로 봄
	사후의무 (7년)	해당 가업용 자산(사업용 고정자산)의 20%(상속개시일부터 5년 이내에는 10%) 이상을 처분하지 말 것
		해당 상속인이 의무기간 중 가업에 종사할 것
		주식 등을 상속받은 상속인의 지분이 유지될 것
		각 소득세 과세기간 또는 법인세 사업연도의 정규직 근로자 수의 평균이 기준고용인원의 100분의 80에 미달하고, 총급여액이 기준 총급여액의 100분의 80에 미달하지 않아야 함(매년 판단)
		상속개시된 소득세 과세기간 말 또는 법인세 사업연도 말부터 7년간 정규직 근로자 수의 전체 평균이 기준고용인원에 미달하고, 7년간 총급여액의 전체 평균이 기준총급여액에 미달하지 않아야 함

* 출처: 국세청, '2020년 가업승계 지원제도 안내'

가업승계에 대한 증여세 과세특례는 중소기업 또는 중견기업 경영자가 자녀에게 가업을 계획적으로 물려줄 수 있도록 지원하는 제도입니다. 증여세 과세특례 요건에 해당할 경우 증여재산에서 5억 원을 공제한 금액에 10%의 세율을 적용합니다. 30억 원을 초과하는 경우에는 20%의 세율을 적용합니다. 증여세 과세특례 적용이 되는 증여재산의 한도는 100억 원입니다.

증여세 과세특례는 가업을 10년 이상 경영한 60대 부모가 자녀(또는 자녀의 배우자)에게 증여할 때 적용됩니다. 가업승계에 대한 증여세 과세특례에 해당하기 위한 구체적인 요건은 다음과 같습니다.

|가업승계에 대한 증여세 과세특례 요건|

요건	구분	세부 요건
기업		가업상속공제 요건과 같음
증여자	가업종사요건	가업을 10년 이상 계속하여 경영한 60세 이상인 수증자의 부모
	지분보유요건	10년 이상 계속하여 증여인 및 특수관계인 등의 지분 50%(상장법인은 30%) 이상을 계속해서 보유
수증자	나이 기준	만 18세 이상인 증여자의 자녀(자녀의 배우자 포함)
	대표이사요건	증여세 신고기한 내 가업에 종사하고 증여일로부터 5년 이내에 대표이사에 취임해야 함
	대상기준	2인 이상이 가업을 승계하는 경우 가업승계자 모두에게 특례 적용
	사후의무(7년)	증여세 신고기한까지 가업에 종사해야 하며 증여일로부터 5년 이내에 대표이사에 취임해야 하고 증여일로부터 7년까지 대표이사직을 유지해야 함
		가업에 종사해야 하며 가업을 휴업(실적이 없는 경우 포함) 또는 폐업하지 말아야 함
		주식 등을 증여받은 수증자의 지분이 유지되어야 함

* 출처: 국세청, '2020년 가업승계 지원제도 안내'

따라서 가업상속공제 요건과 가업승계에 대한 증여세 과세특례 요건에 해당하는 경우에는 상속이나 증여 이벤트가 발생해도 세금부담이 없거나 적을 수 있습니다. 이 경우 대규모 세금을 납부할 필요가 없기 때문에 배당 확대 이벤트가 발생하지 않을 수 있습니다. 투자자는 이 점을 유의

해야 합니다. 한편 가업상속공제 요건과 가업승계에 대한 증여세 과세 특례 제도는 자주 개편되고 있습니다. 따라서 실제 구체적인 요건은 국세청 홈페이지를 방문해 주기적으로 발간되는 '가업승계 지원제도 안내' 자료를 참고하는 것이 좋습니다.

② 배당의 재원이 없을 수 있는 리스크

대규모 상속세나 증여세가 발생한다 하더라도 이를 납부할 여건이 안되는 경우도 있습니다. 지분을 물려받은 경영자가 돈이 없는데, 슬프게도 기업 역시 배당을 할 재원이 없는 케이스가 그렇습니다. 이 같은 상황에서 최대주주는 지분 매각이라는 극단적인 방법을 사용할 수 있습니다. 따라서 투자자는 해당 기업에 배당을 위한 충분한 재원이 있는지 잘 살펴봐야 합니다.

배당을 지급할 수 있는 기업은 이익잉여금이 꾸준한 것 외에도 충분한 현금을 쥐고 있습니다. 기업의 실제 현금 보유 여부는 순현금자산으로 책정할 수 있습니다. 순현금자산은 현금및기타금융자산에서 차입금, 즉 은행에서 빌린 돈을 차감한 것입니다. 아무리 돈이 많아도 모두 은행에서 빌린 돈이라면 사용할 수 있는 현금이 부족할 수 있습니다. 따라서 그냥 현금성자산이 아닌 순현금자산이 많은 기업에 주목해야 합니다.

컴퍼니가이드(comp.fnguide.com)에서 종목명을 입력한 후 재무비율 탭으로 접근하면 순차입금비율이라는 항목을 확인할 수 있습니다. 해당 항목의 우측 플러스 버튼을 클릭하면 순차입부채와 자본총계가 나옵니다. 아래는 삼성전자의 순차입부채 현황인데요. 순차입부채란 순차입금과 같은 의미입니다. 따라서 순차입부채는 차입금에서 현금및기타금융자산을 차감해 계산합니다. 순현금자산은 현금및기타금융자산에서 순차입부채를 차감해 구하기 때문에 순차입부채와 순현금자산은 서로 부호만 다를 뿐 절대값은 동일합니다.

따라서 삼성전자의 순차입부채에 마이너스 부호를 곱하면 순현금자산을 구할 수 있습니다. 2020년 9월 말 삼성전자의 순현금자산은 98조 9,138억 원으로 계산할 수 있습니다.

| 컴퍼니가이드에서 검색한 삼성전자의 재무비율 |

재무비율 [누적]					단위 : %, 억원
IFRS(연결)	2016/12	2017/12	2018/12	2019/12	2020/09
안정성비율					
유동비율	258.5	218.8	252.9	284.4	278.8
당좌비율	225.0	181.6	210.9	242.4	234.4
부채비율	35.9	40.7	37.0	34.1	36.1
유보율	21,757.6	23,681.4	26,648.2	28,302.4	29,753.8
순차입금비율	N/A	N/A	N/A	N/A	N/A
순차입부채	-728,999	-643,702	-862,728	-903,677	-989,138
자본총계	1,929,630	2,144,914	2,477,532	2,628,804	2,761,362
이자보상배율	49.7	81.9	87.3	40.5	79.0
자기자본비율	73.6	71.1	73.0	74.6	73.5

* 출처: 컴퍼니가이드

순차입부채와 순현금의 개념
- 차입금: 100억 원
- 현금및기타금융자산: 200억 원
- 순차입부채: 100억 원 – 200억 원 = -100억 원
- 순현금자산: 200억 원 – 100억 원 = 100억 원

외국인은 배당을 좋아해

코스트코코리아, 23년 만에 '2,300억 원' 첫 배당

2020년 11월 국내 언론은 코스트코코리아의 폭탄 배당 소식을 앞다퉈 보도했습니다. 코스트코코리아가 국내에 진출한 지 23년 만에 배당을 실시했다는 것입니다. 기삿거리가 된 것은 배당의 규모입니다. 총 2,294억 원을 배당했는데 이는 2019년 순이익의 2배가 넘는 규모입니다. 배당성향도 217.4%에 달합니다. 가뜩이나 2020년은 코로나19로 대부분의 가계, 기업이 힘들었는데, 배당잔치를 벌였다는 눈총도 받았습니다.

코스트코코리아가 대규모 배당을 실시한 배경은 그간 한국에서 벌어들인 잉여금을 잘 쌓았기 때문입니다. 코스트코코리아의 2020년 8월 말 이익잉여금은 1조 3,623억 원에 달합니다.

| 코스트코코리아 자본변동표 | (단위: 억 원)

과목	자본금	이익잉여금	총계
2018. 9. 1.(전기 초)	2,641	11,608	14,249
당기순이익		960	960
2019. 8. 31.(전기 말)	2,641	12,568	15,209
2019. 9. 1.(당기 초)	2,641	12,568	15,209
당기순이익		1,055	1,055
2020. 8. 31.(당기 말)	2,641	13,623	16,264

* 출처: 코스트코코리아 감사보고서

그런데 코스트코코리아는 이익잉여금을 계속해서 쌓을 필요가 없습니다. 코스트코코리아는 미국 본사인 코스트코가 한국에 진출하기 위해 만든 법인입니다. 한국 지사와 같은 개념으로 우리나라에 진출해 사업을 확장하려는 목적을 갖고 설립되었습니다. 그러나 한국 지사에 돈을 계속 쌓아놓을 이유는 없습니다. 적당히 돈이 모이면 배당을 통해 본사로 회수하는 것이 합당합니다. 그렇다면 상장사 중에서도 코스트코코리아와 같은 기업이 있을까요?

한국기업평가 사례

신용평가업체 한국기업평가는 2020년 2월 6일 결산배당을 공시했습니다.

| 한국기업평가 현금·현물배당 결정 |

1. 배당구분		결산배당
2. 배당종류		현금배당
− 현물자산의 상세내역		-
3. 1주당 배당금(원)	보통주식	8,518
	종류주식	-
− 차등배당 여부		미해당
4. 시가배당률(%)	보통주식	14.1
	종류주식	-
5. 배당금총액(원)		37,997,699,178
6. 배당기준일		2019-12-31
7. 배당금지급 예정일자		-
8. 승인기관		주주총회
9. 주주총회 예정일자		-
10. 이사회 결의일(결정일)		2020-02-06

- 사외이사 참석여부	**참석(명)**	2	
	불참(명)	-	
- 감사(감사위원) 참석여부		참석	

• 출처: 전자공시시스템, 기준일: 2020. 2. 6.

주당배당금은 8,618원으로 배당수익률은 무려 14.1%에 달합니다. 당시에는 코로나19로 인해 시중은행 금리가 1%대에 달했습니다. 실로 어마어마한 배당수익률이 아닐 수 없습니다. 깜짝 고배당 영향에서인지 한국기업평가 주가는 배당공시 당일 6만 원에도 미치지 못했지만 12월 28일 11만 8,500원까지 상승했습니다.

|한국기업평가 주가 추이|

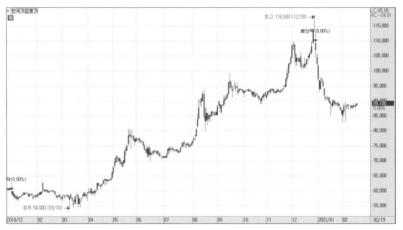

• 출처: 키움증권 HTS

한국기업평가는 본래 고배당 종목입니다. 2015년부터 2018년까지 배당성향을 65% 내외로 일정하게 유지시킨 기업입니다. 같은 기간 순이익은 매년 늘었기 때문에 주당배당금 역시 상승했습니다. 한국기업평가의 주당배당금은 2015년 1,537원에서 2018년 2,360원으로 꾸준히 늘었습니다. 이 기간 배당수익률은 3.0~4.6%에 달했습니다. 그런데 갑작스럽게 2019년 결산배당금을 대폭 늘린 것입니다. 연간 총 주당배당금은 8,618원으로 예년에 비해 265% 급증했으며 배당성향은 189%를 기록했습니다.

| 한국기업평가 배당에 관한 사항 |

	2015	2016	2017	2018	2019
주당배당금(원)	1,537	1,947	2,250	2,360	8,618
배당수익률(%)	3.05	4.69	4.16	4.56	14.73
배당성향(%)	64.97	64.99	64.99	65.01	188.86

* 출처: 네이버금융, 한국기업평가

한국기업평가 폭탄 배당의 배경은 최대주주에서 찾아볼 수 있습니다. 한국기업평가의 사업보고서 [VII. 주주에 관한 사항] - [1. 최대주주 및 특수관계인의 주식소유 현황] 경로로 접근하면 한국기업평가의 최대주주가 누구인지 확인 가능합니다.

| 한국기업평가 최대주주 및 특수관계인의 주식소유 현황 | (단위: 주, %, 기준일: 2020년 9월 말)

성명	관계	주식의 종류	소유주식수 및 지분율				비고
			기초		기말		
			주식수(주)	지분율(%)	주식수(주)	지분율(%)	
FITCH RATINGS, LTD	본인	보통주	3,339,391	73.55	3,339,391	73.55	1977년 6월 3일 설립되었으며, 영국 런던 소재의 비공개유한회사(Private Limited Company)
계		보통주	3,339,391	73.55	3,339,391	73.55	-
		우선주	-	-	-	-	-

* 출처: 한국기업평가 2020년 3분기 분기보고서

최대주주 성명에 피치레이팅스(Fitch Ratings, Ltd)라고 나와 있는데요. 무디스(MOODY'S), S&P(Standard & Poor's)와 함께 세계 3대 신용평가사로 불리는 기업입니다. 한국기업평가는 1983년에 피치가 우리나라에 설립한 기업으로 2002년 코스닥 시장에 상장했습니다. 한국기업평가는 국제 신용평가사 피치가 우리나라 신용평가 시장에 진출하기 위해 설립한 현지 법인인 셈입니다. 피치 입장에서는 한국에서 벌어들인 돈을 굳이 한국기업평가에 계속 쌓아놓을 필요가 없습니다. 따라서 순이익의 65%를 배당하는 고배당 정책을 고수하고 있으며, 그럼에도 이익잉여금이 일정 수준 이상 모이면 폭탄 배당을 실시한 것입니다. 실제 한국기업평가는 2020년 1월 초 이익잉여금이 554억 원이 되자 연차배당 380억 원을 지급함으로써 2020년 3월 말 이익잉여금을 255억 원으로 낮췄습니다.

| 한국기업평가 자본변동표 | | | | | | (단위: 억 원) |

	자본금	자본잉여금	기타자본 구성요소	기타포괄 손익누계액	이익잉여금	자본합계
2019. 01. 01. (Ⅰ.기초자본)	245	164	-23	29	392	806
Ⅱ.당기순이익					72	72
Ⅲ.연차배당					3	3
2019. 03. 31. (Ⅳ.기말자본)	245	164	-23	29	461	875
2020. 01. 01. (Ⅰ.기초자본)	245	164	-23	33	554	972
Ⅱ.당기순이익					81	81
Ⅲ.연차배당					380	380
2020. 03. 31. (Ⅳ.기말자본)	245	164	-23	33	255	673

* 출처: 2019년 사업보고서

외국계 대주주 기업 배당투자 시 주의할 점

한국기업평가 사례에서 아래의 한국기업평가 주가 추이를 보면 12월 28일 이후 주가가 크게 조정을 받았다는 것을 알 수 있습니다. 의아한 점은 이 기간 코스닥 지수는 크게 변동하지 않았다는 사실입니다. 이유가 무엇일까요?

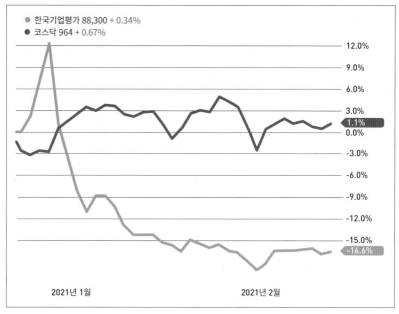

| 배당락 전후 한국기업평가와 코스닥 지수 추이 |

● 한국기업평가 88,300 + 0.34%
● 코스닥 964 + 0.67%

12.0%
9.0%
6.0%
3.0%
1.1%
0.0%
-3.0%
-6.0%
-9.0%
-12.0%
-15.0%
-16.6%

2021년 1월   2021년 2월

* 출처: 네이버금융

먼저 배당락 이후 배당주의 매력이 일시적으로 하락하는 점을 들 수 있습니다. 2020년 배당락 일은 12월 29일입니다. 즉 이때부터 배당을 받을 수 없는 주식이 되어 버리니 투자 매력이 감소한 것입니다. 두 번째 이유는 기저효과입니다. 한국기업평가는 2019년 주당 8,618원을 배당했습니다. 전년도에 비해 무려 265%나 증가한 규모입니다. 그러나 이 같은 배당은 일시적입니다. 2019년은 원래 지급하려던 배당에 그간 누적되어 온 이익잉여금을 더한 깜짝 배당입니다. 따라서 예전에 비해 배당 매력이 감소하며 주가 조정 폭이 심하게 나타난 것입니다. 실제 한국기업평가는 2021년 2월 8일 배당공시를 통해 2020년 주당배당금을 2,907원으로 책정했다고 밝혔습니다. 적지 않은 규모이지만 2019년 기말 배당에 비해서는 66% 감소한 규모입니다.

외국계 기업이 대주주라고 해도 매번 고배당 정책을 고수하는 것은 아닙니다. 정유업체 S-Oil은 사우디아라비아 석유회사(이하 아람코)가 최대주주입니다. S-Oil의 배당에 관한 사항을 보면 2015년부터 2017년까지 고배당 정책을 유지한 것을 알 수 있습니다. 이 기간 배당성향은 44.2%에서 55.1%로 높은 편입니다. 그런데 2018년에는 배당성향이 30%대로 줄었습니다. 이에 따라 2017년 6,000원에 육박했던 주당배당금이 2018년부터는 1,000원 미만으로 낮아졌습니다. 배당수익률 역시 1% 미만으로 크게 하락했습니다. 국제 유가가 약세를 보인 가운데 정제마진이 하락하면서 S-Oil의 실적은 악화되었습니다. 또한 2017년부터 시설투자 금액을 대폭 늘림에 따라 S-Oil의 잉여현금흐름은 마이너스로 전환됩니다. 아무리 최대주주가 외국계라고 해도 남는 돈이 없으니 배당에 인색할 수밖에 없습니다. 따라서 무엇보다 중요한 것은 경기에 영향을 덜 받아 꾸준히 실적과 잉여현금흐름을 창출하는 기업인지 여부입니다.

알아두세요

정제마진

석유제품 판매 수익에서 원유 수입 비용, 설비 운영비 및 제품 운반비 등의 비용을 차감하여 구한 이윤

| S-Oil 배당에 관한 사항 |

	2015	2016	2017	2018	2019
잉여현금흐름(억 원)	18,211	6,584	-12,708	-23,296	-1,479
주당배당금(원)	2,400	6,200	5,900	750	200
배당수익률(%)	3.02	7.32	5.04	0.77	0.2
배당성향(%)	44.27	59.89	55.11	33.88	35.73

• 출처: 네이버금융, S-Oil

사모펀드가 주인인 기업

사모펀드(Private Equity Fund)는 비공개적으로 소수의 투자자로부터 돈을 모아 주식, 채권, 부동산 등에 투자하는 펀드를 말합니다. 우리가 흔히 은행이나 증권사에서 가입할 수 있는 펀드는 공모펀드입니다. 공모펀드는 불특정 다수로부터 자금을 모집하기 때문에 누구나 가입할 수 있습니다. 법적으로 사모펀드와 공모펀드의 구분 기준은 모집된 투자자의 수입니다. 사모펀드는 50인 미만, 공모펀드는 50인 이상으로 투자자를 모집해야 합니다.

이 밖에 사모펀드와 공모펀드의 차이점은 운용방식에 있습니다. 공모펀드는 한 종목에 펀드자금의 10% 이상을 투자할 수 없으며, 한 회사 지분을 20% 이상 매입하는 것도 제한됩니다. 반면 사모펀드는 이와 같은 규제를 적용받지 않아 좀 더 공격적인 운용이 가능합니다.

사모펀드는 전문투자형 사모펀드와 경영참여형 사모펀드로 구분됩니다. 전문투자형 사모펀드는 일반적으로 우리가 헤지펀드라고 부르는 사모펀드입니다. 주식을 매수하는 것뿐만 아니라 주식연계채권 투자, 선물 매수 및 매도, 파생상품 투자, 공매도 등 공격적인 투자전략을 구사합니다. 경영참여형 사모펀드는 기업의 경영권을 인수해 구조조정 등으로 기업가치를 올린 후 매각하는 사모펀드입니다. 전문투자형 사모펀드가 아무리 공격적인 투자전략을 쓰더라도 어디까지나 단순 투자에 국한

됩니다. 실제 기업을 인수해 경영활동을 하는 경영참여형 사모펀드와는 대비됩니다. 고배당주 투자 기회는 경영참여형 사모펀드에서 종종 찾을 수 있습니다.

|공모펀드 vs 사모펀드|

	공모펀드	사모펀드
정의	은행이나 증권사에서 가입할 수 있는 펀드로 불특정 다수로부터 자금 모집	비공개적으로 소수의 투자자로부터 돈을 모아 주식, 채권, 부동산 등에 투자하는 펀드
투자자 모집 기준	50인 이상	50인 미만
운용방식	한 종목에 펀드자금의 10% 이상을 투자할 수 없으며, 한 회사 지분을 20% 이상 매입하는 것도 제한	규제를 적용받지 않아 좀 더 공격적인 운용이 가능
종류		전문투자형 사모펀드와 경영참여형 사모펀드로 나뉨

코엔텍 사례

울산 지역 폐기물 소각·매립 업체 코엔텍은 2017년 4월 18일 최대주주 변경 계약이 체결됐다고 밝혔습니다. 종전 최대주주인 후성에이치디에스가 보유 주식 전량(1,681만 6,567주)을 그린에너지홀딩스에 주당 4,731원에 매각하는 계약입니다. 대주주가 보유 주식을 몽땅 팔아치우는 건이니 회사의 주인이 바뀌는 이벤트입니다.

|코엔텍 최대주주 변경을 수반하는 주식양수도계약 체결|

1. 계약 당사자	-양도인	후성에이치디에스(주) 외 6인	회사와의 관계	최대주주
	-양수인	그린에너지홀딩스(유)	회사와의 관계	없음
2. 계약 내역	양수도주식수(주)	16,816,567		
	1주당 가액(원)	4,731		
	양수도 대금(원)	79,560,551,546		

– 양수도 대금의 지급일정 및 지급조건 등에 관한 사항	당사의 최대주주인 후성에치디에스(주) 외 6인은 보유주식 16,816,567주(총 발행주식의 33.63%)를 그린에너지홀딩스(유)에 양도하는 계약을 아래와 같이 체결하였습니다. - 아 래 - 1. 계약체결일: 2017년 4월 18일 2. 계약내용 　(1) 매매대금: 79,560,551,546원 　(2) 계약당사자 　　- 매도인: 후성에이치디에스 주식회사 　　　　　　 일광이앤씨 주식회사 　　　　　　 김근수 　　　　　　 김용민 　　　　　　 허경 　　　　　　 김재중 　　　　　　 김나연 　　- 매수인: 그린에너지홀딩스 유한회사 　(3) 대금지급일: 2017년 6월 2일 　※추가금액의 지급 　향후 추가 매립장 실시계획의 승인이 완료되는 경우, 매수인은 매도인들에게, 매매대금과 별도로 그에 추가하여 총금 19,950,000,000원을 매도인별 지분율의 비율에 따라 지급하기로 함.
– 양수도 주식의 보호예수 여부	아니오
3. 변경예정 최대주주	그린에너지홀딩스 유한회사
– 변경 예정일자	2017-06-02
– 예정 소유주식수(주)	16,816,567
– 예정 소유비율(%)	33.63
4. 계약일자	2017-04-18

* 출처: 전자공시시스템, 기준일: 2017. 4. 18.

그런데 코엔텍 지분을 인수한 최대주주의 이력이 범상치 않습니다. 코엔텍의 경영권을 인수한 그린에너지홀딩스의 최대주주는 맥쿼리코리아오퍼튜니티즈(현재는 맥쿼리자산운용과 합병) 사모투자전문회사 제3호입니다. 맥쿼리 그룹은 자산규모 476조 원에 이르는 호주 최대 투자은행으로 1969년에 설립되었습니다. 31개국에 진출해 있으며 글로벌 직원수는 1만 6,300명에 달합니다. 맥쿼리 그룹은 맥쿼리파이낸스코리아를 설립해 한국에 진출했으며 2005년 경영 참여형 사모펀드 맥쿼리코리아오퍼튜니티즈를 설립했습니다. 그린에너지홀딩스는 맥쿼리코리아오퍼튜니티즈가 코엔텍 경영권 인수를 위해 설립한 특수목적법인입니다. 한마디로 글로벌 전문 사모펀드가 코엔텍의 떡잎을 알아보고 경영권을 인수한 것입니다.

|변경 예정 최대주주(법인인 경우)에 관한 사항|

1. 법인명	그린에너지홀딩스 유한회사
2. 설립연월	2015년 7월 28일
3. 국적	대한민국
4. 주소(본점소재지) [읍·면·동까지만]	서울특별시 중구 소공동
5. 법인의 최대주주명	맥쿼리코리아오퍼튜니티즈 사모투자전문회사 제3호
– 보유지분율(%)	100
6. 법인의 대표이사	이수진
7. 주요 사업내용	금융업

• 출처: 전자공시시스템

당시 맥쿼리코리아오퍼튜니티즈가 코엔텍의 경영권을 인수한 것을 두고 증권업계에서는 '맥쿼리가 폐기물 공화국을 꿈꾼다'라고 평가했습니다. 맥쿼리 그룹은 폐기물 처리산업의 성장 가능성에 주목해 2013년부터 관련 기업들을 지속적으로 인수했기 때문입니다. 맥쿼리코리아오퍼튜니티즈는 2013년 건설폐기물 업체 대길산업(현 WIK중부)을 인수했으며, 2014년에는 일반지정폐기물 처리업체 진주산업의 경영권을 취득했습니다. 2017년 1월에는 맥쿼리캐피탈이 음식물 쓰레기 처리업체 리클린을 인수하기도 했습니다. 2017년 2월에는 맥쿼리코리아오퍼튜니티즈가 새한환경, 세종에너지 지분 100%를 취득합니다. 맥쿼리 그룹은 인프라, 유틸리티 및 신재생 산업에 주로 투자합니다. 폐기물 처리 산업 역시 이 중 하나입니다. 특히 폐기물 처리 산업은 수익성이 좋은 데다 불투명한 사업구조를 개선하면 기업가치를 올리기 용이합니다.

| 맥쿼리 그룹이 인수한 폐기물 업체 현황 |

연도	인수주체	회사명
2013년	맥쿼리코리아오퍼튜니티즈	대길산업
2014년	맥쿼리코리아오퍼튜니티즈	진주산업
2017년	맥쿼리캐피탈	리클린
	맥쿼리코리아오퍼튜니티즈	새한환경
	맥쿼리코리아오퍼튜니티즈	세종에너지
	맥쿼리코리아오퍼튜니티즈	코엔텍

그렇다면 맥쿼리코리아오퍼튜니티즈가 앞서 인수한 기업들은 어떻게 됐을까요? 가장 먼저 인수한 대길산업은 충청남도 기반의 폐기물 처리 회사입니다. 건설폐기물을 이용해 다목적 재활용 사업을 하고 있으며, 재생골재를 생산·판매하고 있습니다. 맥쿼리코리아오퍼튜니티즈는 대길산업을 인수한 이후 대규모 투자를 통해 폐기물 처리 시설을 늘렸습니다. 이에 따라 대길산업의 유형자산은 2012년 79억 원에서 2013년 268억 원으로 급증했습니다. 폐기물 처리 시설을 대폭 늘리면서 대길산업의 실적도 개선되었습니다. 2012년 172억 원이었던 매출액은 2016년 280억 원까지 증가했습니다. 같은 기간 순이익도 10억 8,000만 원에서 47억 7,000만 원으로 늘었습니다.

맥쿼리코리아오퍼튜니티즈는 2013년 대길산업을 물적분할해 자회사 대길그린(현 WIK그린)을 설립했습니다. 대길산업과 비슷한 사업을 하는 폐기물 처리 업체로 경기도 화성에 거점을 두고 있습니다. 대길그린은 설립 이후 매출액과 이익이 꾸준히 증가했습니다.

알아두세요

유형자산

토지, 공장, 기계장치, 사옥 등 시설자산을 뜻한다.

알아두세요

물적분할

특정 사업부를 분리해 회사를 설립하는 것. 분할 설립된 회사는 원래 회사의 100% 자회사 형태로 존재한다.

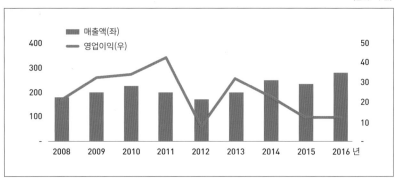

| 대길산업 실적 추이 | (단위: 억 원)

* 출처: 대길산업 감사보고서

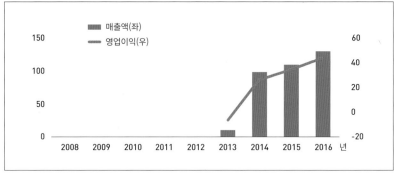

| 대길그린 실적 추이 | (단위: 억 원)

* 출처: 대길그린 감사보고서

대길산업과 대길그린은 사업이 궤도에 오르자 배당을 실시합니다. 대길산업과 대길그린의 합산 배당총액은 2014년 55억 4,000만 원, 2015년 64억 7,000만 원, 2016년 83억 8,000만 원으로 증가합니다. 대길산업은 2013년까지 배당을 실시한 적이 없습니다. 맥쿼리코리아오퍼튜니티즈에 인수되면서 배당 친화적인 기업으로 탈바꿈한 것입니다.

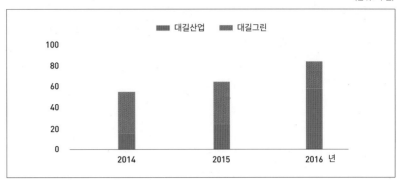

| 대길산업과 대길그린의 합산 배당금 | | (단위: 억 원) |

* 출처: 대길산업, 대길그린 감사보고서

이를 코엔텍에도 적용시킬 수 있습니다. 코엔텍은 맥쿼리코리아오퍼튜니티즈에 인수된 후 얼마 지나지 않아 공개매수를 단행합니다. 공개매수는 정해진 수량과 정해진 가격으로 회사가 공개적으로 자사주를 사들이는 것을 말합니다.

| 코엔텍의 공개매수신고서 요약정보 |

공개매수자	• 성명: 그린에너지홀딩스 유한회사 ■ 회사 ☐ 개인 ☐ 회사가 아닌 법인·단체 ☐ 외국인
	• 대상회사와의 관계 ☐ 대상회사 본인 ■ 대상회사의 최대주주 또는 임원 ☐ 대상회사의 계열사 ☐ 기타(제3자 등)
공개매수 대상회사명	주식회사 코엔텍
공개매수 목적	■ 경영권안정 ☐ M&A ☐ 지주회사요건충족 ☐ 상장폐지 ☐ 기타 - 내용: 그린에너지홀딩스 유한회사는 현재 대상회사 지분을 33.63% 소유하고 있는 바, 공개매수를 통해 자회사인 대상회사 지분을 추가 취득하여 안정적인 경영권을 확보하는 한편, 대상회사의 경영활동의 유연성을 제고하고 신속하고 효율적인 의사결정을 바탕으로 시장경쟁력을 키우고자 대상회사 주식에 대한 공개매수를 추진함.
공개매수대상 주식등	주식 등의 종류	주식회사 코엔텍 기명식 보통주식
	매수 예정 수량(비율)	21,224,947주(발행주식총수의 42.45%)
	매수가격	주당 4,730원

* 출처: 전자공시시스템, 기준일: 2017. 7. 10.

공개매수의 주체는 코엔텍의 최대주주인 그린에너지홀딩스이며, 공개매수 목적은 경영권 안정입니다. 매수수량은 2,122만 4,947주로 발행주식수의 42.45%입니다. 매수가격은 주당 4,730원입니다. 다만 이 공개매수에 응한 코엔텍 투자자는 소수에 그쳤습니다. 공개매수 응모주식수는 337만 5,252주로 발행주식수의 6.75%에 불과했습니다. 이에 따라 코엔텍은 2017년 11월 8일 한 차례 더 공개매수를 단행합니다. 이번에는 매수단가를 5,500원으로 올렸습니다. 그 결과 약 945만 주를 취득해 그린에너지홀딩스의 보유 지분은 59.29%가 되었습니다.

맥쿼리코리아오퍼튜니티즈가 코엔텍을 인수하자마자 두 차례 공개매수를 단행한 이유는 무엇일까요? 대길산업과 대길그린처럼 코엔텍 투자금을 배당으로 일부 회수한다고 가정해보겠습니다. 그런데 사모펀드의 코엔텍 보유 지분이 30%에 불과합니다. 이 상황에서 배당을 하면 배당총액의 30%밖에 가져가지 못합니다. 70%는 다른 투자자 주머니 속으로 들어가게 됩니다. 따라서 배당으로 투자금을 일부 회수할 생각이라면 주가가 낮을 때 최대한 지분을 늘리는 것이 중요합니다.

실제 코엔텍은 2019년 2월 대폭 늘린 배당금을 공시합니다.

| 코엔텍 현금·현물배당 결정 |

1. 배당구분		결산배당
2. 배당종류		현금배당
– 현물자산의 상세내역		-
3. 1주당 배당금(원)	보통주식	400
	종류주식	-
– 차등배당 여부		미해당
4. 시가배당률(%)	보통주식	5.4
	종류주식	-
5. 배당금총액(원)		19,914,288,000
6. 배당기준일		2018-12-31
7. 배당금지급 예정일자		-
8. 승인기관		주주총회
9. 주주총회 예정일자		2019-03-25
10. 이사회 결의일(결정일)		2018-02-25

	참석(명)	1
– 사외이사 참석여부	불참(명)	1
– 감사(감사위원) 참석여부		참석

* 출처: 전자공시시스템, 기준일: 2019. 2. 25.

주당배당금은 400원으로 전년 대비 무려 16배나 증가했습니다. 배당수익률은 5.4%입니다. 맥쿼리코리아오퍼튜니티즈에 인수된 후 약 2년 만에 배당금을 대폭 상향한 것입니다. 코엔텍의 배당금은 이듬해 더 증가했습니다. 주당 540원을 배당했습니다. 2년 전에 비하면 20배나 넘게 늘어난 것입니다.

양호한 실적에 고배당 매력까지 더해져 코엔텍 주가는 2019년 5월 한때 1만 3,350원까지 상승했습니다. 경영권 인수 공시 당시 주가가 3,625원인 것을 감안하면 무려 268%나 오른 것입니다.

| 코엔텍 주가 차트와 배당공시 시점 |

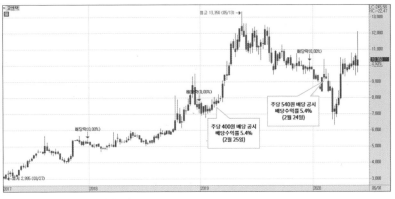

* 출처: 키움증권 HTS, 전자공시시스템

쌍용C&E 사례

2016년 4월 시멘트 제조업체 쌍용C&E는 공시를 통해 최대주주가 태평양시멘트에서 한앤코10호 유한회사로 변경되었다고 공시했습니다.

한앤코10호 유한회사가 산업은행 등 기존 주주로부터 46.80%(3,758만 2,112주)를 취득해 쌍용C&E의 최대주주 자리에 오른 것이지요.

| 쌍용C&E 최대주주 변경 |

1. 변경내용	변경 전	최대주주등	태평양시멘트(주)
		소유주식수(주)	25,989,010
		소유비율(%)	32.36
	변경 후	최대주주등	한앤코10호 유한회사
		소유주식수(주)	37,582,112
		소유비율(%)	46.80
2. 변경사유			주식매매계약
3. 지분인수목적			경영권 참여
– 인수자금 조달방법			사원들의 출자금 및 차입금
– 인수후 임원 선·해임 계획			-
4. 변경일자			2016-04-15
5. 변경확인일자			2016-04-15

* 출처: 전자공시시스템, 기준일: 2016. 4. 15.

한앤코10호 유한회사는 경영참여형 사모펀드 한앤컴퍼니가 쌍용C&E를 인수하기 위해 설립한 특수목적법인입니다. 한앤컴퍼니는 시멘트 왕국을 꿈꾸는 사모펀드입니다. 2012년 대한시멘트를 3,000억 원에 인수했으며, 2013년에는 유진기업의 광양 슬래그 시멘트 공장(한남시멘트)을 855억 원에 사들였습니다. 2015년에는 680억 원을 들여 포스코 계열 슬래그파우더 생산업체인 포스화인(대한슬래그)까지 품었습니다. 그리고 쌍용C&E의 경영권을 취득하면서 시멘트 왕국 포트폴리오를 완성합니다.

한앤코10호 유한회사는 쌍용C&E의 최대주주가 된 후 2대 주주인 태평양시멘트와 특수관계인인 TCC홀딩스 보유 지분을 32.40%까지 사들여 지배력을 높입니다. 이후 한앤코10호 유한회사는 쌍용C&E에 대한 본격적인 구조조정에 착수합니다. 시멘트와 관련성이 적고 수익성이 낮은 사업을 정리합니다. 이에 따라 2016년 매출액은 1조 4,303억 원으로 전년 대비 28% 감소했지만 영업이익은 2,578억 원으로 오히려 20% 늘었습니다. 유입된 현금으로 차입금을 상환해 부채비율도 100% 미만으로 떨어뜨립니다.

|쌍용C&E 실적 추이| (단위: 억 원)

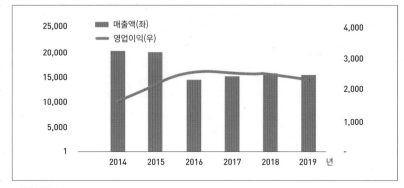

* 출처: 쌍용C&E

|쌍용C&E 부채비율 추이|

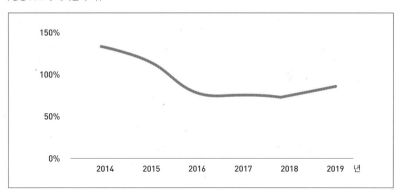

* 출처: 쌍용C&E

경영이 정상화되자 쌍용C&E는 2016년 결산배당을 실시합니다. 20세기 들어 처음으로 배당을 한 것입니다. 이후 쌍용C&E는 2017년 반기부터 매 분기 배당을 실시합니다. 배당 규모는 매년 증가세입니다. 2017년 주당배당금은 214원으로 배당수익률은 5.7%, 2019년 주당배당금은 420원으로 배당수익률은 7.4%에 달합니다. 고배당 매력에 쌍용C&E 주가도 2017년 한때 9,000원을 넘기기도 했습니다. 코엔텍과 마찬가지로 쌍용C&E 역시 사모펀드에 인수된 후 전형적인 고배당주로 탈바꿈한 것이지요.

| 쌍용C&E 배당에 관한 사항 |

	2015	2016	2017	2018	2019
주당배당금(원)	0	32	214	370	420
배당수익률(%)	0.00	1.08	5.74	5.88	7.41
배당성향(%)	0.00	16.21	34.97	127.81	161.94

* 출처: 네이버금융, 쌍용C&E

| 쌍용C&E 주가 추이 |

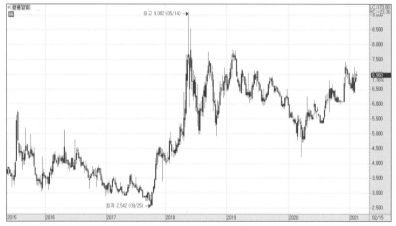

* 출처: 네이버금융

사모펀드 인수 기업 배당투자 접근 시 주의할 점

그렇다면 경영참여형 사모펀드가 인수하는 기업은 모두 배당을 통해 적극적으로 탈바꿈할까요? 사모펀드가 경영권을 인수하는 기업의 유형은 크게 2가지로 나뉩니다. 첫 번째는 안정적인 사업모델을 지녔거나 성장 가능성이 있는 기업입니다. 다만 이런 기업은 경영상의 문제, 지배구조 이슈, 상속 등의 이유를 갖고 있는 것이 일반적입니다. 사모펀드가 주인이 된 후 해당 문제를 해결하고 경영 효율성을 높이면 가치가 크게 개선될 수 있는 케이스죠. 앞서 살펴본 코엔텍과 쌍용C&E가 여기에 속합니다. 이런 기업이 사업 안정화가 되면 사모펀드가 배당으로 투자금을 회수할 수 있습니다.

반면 사모펀드가 매우 부실한 기업을 인수하는 경우도 있습니다. 경영난에 빠져 구제금융 없이 회생이 불가능한 기업들 말입니다. 사모펀드는 이런 기업들을 매우 싼 값에 인수해 강력한 구조조정을 진행한 후 정상화시켜 되파는 투자를 하기도 합니다. 흔히 벌처펀드라고 불리는 사모펀드가 하는 행위입니다. 단 부실기업을 인수해 경영하는 경우 배당 등으로 투자금을 회수하기 어렵습니다. 언제 망할지도 모르는 기업에서 돈을 뺄 수 없는 노릇이기 때문입니다.

따라서 투자자는 사모펀드가 인수하는 기업의 유형을 잘 판단해야 합니다. 이익 안전성을 갖고 있는 기업인지, 잉여금을 잘 쌓을 수 있는 기업인지 등을 검토해야 합니다.

또한 사모펀드의 투자 기간은 평균 5년입니다. 5년 정도면 기업을 인수한 후 가치를 올린 다음 다시 매각한다는 의미입니다. 따라서 최대주주 변경이 일어나면 주주환원 정책도 달라질 수 있습니다. 실제 생활가전 렌탈 전문 업체 코웨이는 사모펀드 MBK파트너스가 주인일 당시 배당성향을 90%까지 올렸지만, 웅진씽크빅을 거쳐 넷마블로 주인이 바뀌자 배당성향을 낮췄습니다. 과거에 비해 배당 매력이 크게 낮아진 것입니다.

| 코웨이 배당에 관한 사항 |

	2016	2017	2018	2019	2020
주당배당금(원)	3,200	3,200	3,600	2,400	1,200
배당수익률(%)	3.62	3.28	4.86	2.58	1.65
배당성향(%)	96.33	71.21	74.18	52.05	21.51

* 출처: 네이버금융, 코웨이

상속으로 폭탄 배당 가능성이 있는 종목은?

예제

증여나 상속 이벤트가 발생하면 오너 일가는 세금 재원을 마련하기 위해 기업을 통해 대규모 배당을 실시할 수 있습니다. 그런데 모든 기업이 그런 것은 아닙니다. 가업상속공제 및 가업승계에 따른 과세특례가 적용될 수 있기 때문입니다. 이런 기업에 배당을 기대하고 투자했다간 헛물만 켤 수 있습니다. 따라서 증여나 상속으로 대규모 세금이 발생할지, 발생하지 않을지 판단하는 것이 중요합니다. 아래 5개 기업 중에서 증여나 상속에 따른 세금 이슈로 대규모 배당을 실시할 것으로 기대되는 업체를 골라보겠습니다.

|증여, 상속 이벤트 발생 기업 및 상황|

	A기업	B기업	C기업	D기업	E기업
구분	증여	상속	증여	증여	상속
개요	아버지(대주주)가 아들에게 증여	남편(대주주)의 지분을 아내가 상속	남편(대주주)이 아내에게 증여	할아버지(대주주)가 손자에게 증여	어머니(대주주)의 지분을 아들이 상속
중소기업, 중견기업 해당 여부	○	×	×	○	○
순현금자산 (억 원)	456	-315	1,340	602	453

* 다른 조건은 모두 특례 요건을 충족시킨다고 가정

해설

먼저 상속이나 증여 대상이 세금 혜택을 받을 수 있는 자격을 갖췄는지 살펴봐야 합니다. 상속의 경우 상속인이 배우자나 자녀 등에 상관없이 가업상속공제 혜택을 받을 수 있습니다. 반면 증여는 증여자의 자녀나 자녀의 배우자가 아니면 혜택을 적용 받을 수 없습니다. 다음은 중소기업, 중견기업 여부 판별입니다. 중소기업이나 중견기업에 해당하지 않는다면 세금 혜택을 받을 수 없습니다. 상속인 요건, 수증인 요건을 충족하고 중소기업, 중견기업에 해당한다 하더라도 기업에 돈이 없으면 배당을 할 수 없습니다. 따라서 기업의 곳간에 돈이 충분히 있는지 파악하는 것도 중요합니다.

세 가지 요건을 고려했을 때 대규모 배당으로 세금을 충당할 가능성이 있는 기업은 C기업과 D기업입니다. C기업은 대주주인 남편이 아내에게 증여한 경우입니다. 증여세 혜택은 수증자가 자식이나 자식의 배우자일 때만 부여됩니다. 게다가 C기업은 중소기업이나 중견기업에 해당하지도 않습니다. D기업은 중소기업, 중견기업에 해당하지만 마찬가지로 증여세 과세특례를 적용받지 못합니다. 할아버지가 손자에게 증여한 경우이기 때문입니다. 이 경우 천일고속의 사례에서 살펴봤듯이 30%의 할증세가 붙습니다.

한편 B기업의 경우도 대규모 상속세가 발생하는데요. 남편의 지분이 아내에게 상속된 경우이지만, 중견기업이나 중소기업에 해당하지 않기 때문입니다. 그러나 순현금자산이 -315억 원으로 대규모 배당을 할 재원이 없습니다. 이 경우 대주주는 지분 일부를 매각하는 방법으로 상속세 재원을 마련할 수 있습니다.

012 배당 하면 빼놓을 수 없는 우선주

013 건물주의 꿈은 이루어진다, 리츠(REITs) 투자

014 배당주 발굴이 어렵다면 '배당 ETF'

넷째
마당

또 다른
배당주 투자법

우선주와 리츠 배당을 받는 또 다른 방법이 있다?

고배당 씨는 투자할 만한 배당주를 찾다가 자연스럽게 우선주에 대해 알게 되었습니다. 우선주가 배당주 투자에 유리하다는 사실도 말입니다. 고배당 씨가 조사한 바에 따르면 우선주는 보통주보다 일반적으로 낮게 거래되지만 배당금은 같거나 더 많았습니다. 따라서 우선주의 배당수익률이 보통주보다 높았습니다. 그럼에도 우선주가 보통주에 비해 싸게 거래되는 이유가 궁금했습니다. 그리고 우선주 주가가 보통주의 몇 퍼센트 수준에서 거래되는 것이 합리적인지도 알고 싶었습니다. 몇몇 보통주와 우선주를 비교해 보니 삼성전자우는 삼성전자의 80~90% 수준에서, LG화학우는 LG화학의 40~50% 수준에서 거래되었기 때문입니다.

고배당 씨는 우선주 외에 리츠라는 종목도 눈에 들어왔습니다. 리츠는 부동산 투자회사이지만 주식처럼 HTS에서 자유롭게 거래가 가능했습니다. 평소 은퇴 후 건물주가 되는 게 꿈인 고배당 씨는 단 1주로도 건물주가 될 수 있는 리츠에 큰 매력을 느꼈습니다. 그런데 리츠는 기업이 아니기 때문에 매출액, 영업이익과 같은 재무제표 항목이 없었습니다. 과연 리츠에 투자하기 위해서는 어떤 지표를 봐야 하는지 궁금해졌습니다.

배당 하면 뺴놓을 수 없는 우선주

무엇에 우선한다는 것일까?

우선주는 보통주에 비해서 무언가에 '우선한다'는 주식입니다. 과연 무엇에 우선한다는 것일까요? 기업이 벌어들인 돈은 쓸 곳이 많지요. 협력업체에 매입대금을 정산하고 직원들에게 월급도 주고, 설비에도 일정부분 투자합니다. 이렇게 여기저기 다 쓰고 남은 돈을 잔여이익이라고 하는데요. 우선주는 보통주에 비해서 기업의 잔여이익에 대해 배당 우선권을 지닌 주식입니다.

잔여이익 외에 잔여재산에 대해서도 우선주는 보통주보다 우선권이 있는데요. 회사가 경영상황이 악화돼 청산할 경우 잔여재산으로 먼저 채권자들에게 빚을 갚습니다. 이후 잔여재산이 남을 경우 주식수에 비례해 분배되는데, 이때 우선주는 보통주보다 잔여재산을 먼저 받을 권리가 있습니다. 결국 우선주는 보통주에 비해 잔여이익, 잔여재산을 먼저 받을 권리가 있는 주식인 셈이죠. 일반적으로 주당배당금은 우선주와 보통주가 같거나, 우선주가 더 큽니다. 배당에 우선권이 있는 데다 배당 규모 역시 우선주가 우위에 있는 셈이죠.

그렇다면 우선주가 보통주보다 좋은 주식일까요? 삼성전자는 보통주와 우선주(삼성전자우) 두 개의 주식이 상장되어 있습니다. 2021년 2월

15일 기준 삼성전자 보통주의 주가는 8만 4,200원, 우선주 주가는 7만 5,500원으로 보통주가 우선주보다 높습니다. 우선주가 배당에 유리한데도 보통주보다 낮게 거래되는 이유는 의결권 때문입니다. 투자자가 보통주 1주를 갖고 있으면 주주총회에 참석해 1주만큼의 의결권을 행사할 수 있습니다. 보통주를 많이 갖고 있으면 그만큼 영향력이 강해지는 것이죠. 회사에서 보통주를 가장 많이 보유해 가장 강력한 경영권을 행사할 수 있는 주체가 최대주주입니다. 최대주주는 실질적인 회사의 주인이라 볼 수 있습니다.

반면 우선주는 의결권이 없습니다. 우선주를 아무리 많이 갖고 있어도 입도 뻥끗할 수 없다는 의미입니다. 따라서 일반적으로 보통주가 우선주보다 높게 거래되는 것입니다. 다만 이러한 특징 때문에 우선주는 배당주로서의 매력이 더해집니다. 보통주보다 주가는 낮은데 주당배당금은 같거나 더 많이 책정되니 배당수익률은 우선주가 더 높을 수밖에 없습니다. '우선주 = 배당주'라고 부르는 이유입니다.

2021년 2월 15일 기준 상장 우선주의 수는 총 121개, 우선주를 발행한 기업의 수는 89곳입니다. 우선주를 보유한 기업의 수보다 우선주의 수가 많다는 사실로 보아 우선주를 여러 개 발행한 기업이 있다는 것을 알 수 있습니다.

현대차 우선주 3인방 중 어디에 투자해야 할까?

현대차는 무려 3개의 우선주를 갖고 있습니다. 현대차우와 현대차2우B, 현대차3우B입니다. 그런데 어떤 우선주는 이름에 단순히 '우'만 있는 반면, 어떤 우선주는 숫자와 알파벳도 붙어 있습니다. 우선주에 붙은 용어가 의미하는 바는 무엇일까요?

먼저 우선주는 배당 참여 조건에 따라 참가적 우선주와 비참가적 우선주, 배당 이월 여부에 따라 누적적 우선주, 비누적적 우선주로 구분됩니다. 먼저 참가적 우선주는 배당을 받고도 잔여이익이 발생하는 경우 보통주와 함께 또 배당을 받을 수 있는 우선주입니다. 또한 올해 배당금을 받지 못할 경우 내년 배당금에 못 받은 배당금까지 더해 받을 수 있는 우선주를 누적적 우선주라고 합니다. 비참가적 우선주와 비누적적 우선주는 앞서 설명한 것과 각각 반대되는 개념입니다. 정리하면 참가적, 누적적 우선주일수록 좋습니다.

우선주는 발행 시기에 따라 구분할 수도 있습니다. 특히 발행 시기에 따라 우선주의 이름이 달라집니다. 먼저 주식명 뒤에 붙는 숫자는 발행 순서를 의미합니다. 가장 먼저 발행된 우선주는 이름에 숫자가 붙지 않지만, 두 번째 발행된 우선주는 '2', 세 번째 발행된 우선주는 '3'이란 숫자가 붙습니다. 주식명에 알파벳 'B'가 붙는 것은 1996년을 기점으로 결정됩니다. 1996년 이전에 발행된 우선주는 주식명에 알파벳이 붙지 않지만, 이후 발행된 주식은 B가 붙습니다. 참고로 상법이 개정되면서 1996년 이후 발행된 우선주에는 최저배당률 제도가 도입됐습니다. 최저배당률 제도란 회사가 배당 여력이 없을 때에도 우선주에 최저 몇 %의 배당을 지급해야 한다는 제도입니다.

| 현대차2우B 주식명에 담긴 의미 |

한편 우선주와 함께 종류주식으로 분류되는 전환우선주, 상환우선주, 상환전환우선주도 존재합니다. 전환우선주는 일정 기간이 지나면 보통주로 전환할 수 있는 우선주입니다. 상환우선주는 투자자가 향후 회사

에 다시 팔 수 있는 권리를 가진 우선주로 채권과 유사합니다. 상환전환
우선주(Redeemable Convertible Preference Shares, RCPS)는 상환우선주
와 전환우선주를 합친 개념입니다. 투자자가 전환권을 행사해 보통주로
전환할 수도 있고, 회사에 되팔 수도 있습니다. 전환우선주, 상환우선주,
상환전환우선주 역시 우선주이므로 참가적/비참가적, 누적적/비누적적
옵션을 갖고 있습니다.

|우선주의 종류 및 배당 옵션 정리|

종류주식의 종류	배당 관련 옵션	
	잔여이익 참여 여부	배당금 누적 여부
우선주 상환우선주	참가적	누적적
전환우선주 상환전환우선주	비참가적	비누적적

이제 현대차의 우선주 3인방을 살펴볼 차례입니다. 현대차우는 숫자도 없
고 알파벳도 붙지 않은 것에서 알 수 있듯이 1996년 이전에 현대차가 가
장 먼저 발행한 우선주입니다. 현대차2우B와 현대차3우B는 일단 'B'를 보
고 1996년 이후 발행된 우선주인 것을 알 수 있습니다. 주식명에 붙은 숫
자를 보면 현대차2우B, 현대차3우B 순으로 발행된 것을 알 수 있지요. 구
체적인 배당 매력을 판단하기 위해서는 사업보고서를 통해 각 우선주의
배당금, 배당옵션 등을 파악하는 것이 필요합니다. [사업보고서] - [I. 회사
의 개요] - [4. 주식의 총수 등] - [종류주식(명칭) 발행현황]의 경로로 접근
하면 세부 정보를 확인할 수 있습니다.

|현대차 우선주 3인방 배당에 관한 정보|

	현대차우	현대차2우B	현대차3우B
참가적 여부	비참가적	참가적	참가적
누적적 여부	비누적적	비누적적	비누적적
비고	보통주 대비 연 1% 추가 배당(액면가 기준)	최저우선배당률: 2% (액면가 기준)	최저우선배당률: 1% (액면가 기준)
주당배당금	3,050원	3,100원	3,050원

| 배당수익률 | 3.40% | 3.40% | 3.50% |

• 출처: 전자공시시스템
• 주당배당금은 2020년 기준. 배당수익률은 '2020년 현금·현물배당 결정' 공시에 기재된 기준

먼저 배당금을 보면 현대차2우B가 3,100원으로 가장 높습니다. 이는 최저배당률 제도 때문입니다. 현대차는 현대차2우B의 최저우선배당률을 액면가의 2%로 책정했습니다. 현대차의 액면가가 5,000원이기 때문에 보통주 주당배당금(3,000원)에 100원(5,000원 × 2%)의 배당금이 추가로 붙은 것입니다. 현대차3우B 역시 최저우선배당률을 1%로 책정했기 때문에 주당배당금이 3,050원, 현대차우는 액면가 기준 보통주의 1%를 추가 배당하기로 했기 때문에 주당배당금이 3,050원으로 책정되었습니다.

다음으로 참가적, 누적적 여부를 파악해보겠습니다. 현대차우는 비참가적, 비누적적 우선주입니다. 현대차2우B와 현대차3우B도 비누적적 우선주이지만, 참가적 우선주라는 점에서 차별화됩니다. 배당금 및 배당 옵션을 따져봤을 때 '현대차2우B 〉 현대차3우B 〉 현대차우' 순으로 투자 매력도가 높다고 결론 내릴 수 있습니다. 그렇다고 해서 현대차2우B에 무작정 투자해서는 안 됩니다. 투자 매력도가 높기 때문에 현대차2우B의 주가가 다른 우선주에 비해 높게 거래될 가능성이 있기 때문입니다. 이 경우 현대차2우B의 배당수익률은 가장 낮을 수 있습니다. 따라서 실제 우선주에 투자할 때는 주당배당금 및 배당 옵션도 중요하지만 배당수익률도 따져봐야 합니다.

한편 현대차3우B의 배당수익률은 3.50%로 현대차 우선주 3인방 중에서 가장 높은데요. 이는 유동성과 관련이 있습니다. 현대차우의 발행주식수는 2,435만 주로 2020년 2월 15일 기준 시가총액은 3조 원에 육박합니다. 현대차2우B의 발행주식수는 3,648만 주로 시가총액은 4조 원이 넘죠. 그러나 현대차3우B의 발행주식수는 242만 주에 불과하며 시가총액도 2,672억 원입니다. 외국인이나 기관 투자가들이 사고팔기에

는 규모가 너무 작습니다. 이렇게 시장에서 거래가 잘 되지 않는 주식은 저평가 받을 가능성이 있습니다. 현대차 우선주 3인방 중에서 현대차3우B의 주가가 가장 낮고, 배당수익률이 높은 이유입니다.

| 현대차 우선주 3인방 주가, 주식수 등의 정보 |

	현대차우	현대차2우B	현대차3우B
주가	118,000원	115,500원	110,000원
시가총액	2조 8,741억 원	4조 2,141억 원	2,672억 원
발행주식수	24,356,685주	36,485,451주	2,428,735주

• 출처: 네이버금융
• 주가와 시가총액은 2021년 2월 15일 기준

삼성전자와 삼성전자우, 어디에 투자해야 할까?

우선주는 일반적으로 보통주에 비해 주가가 낮게 형성됩니다. 그렇다면 어느 정도 낮아야 적정가격으로 볼 수 있을까요? 이는 기업마다 다릅니다. 저마다 배당 매력이 다르기 때문입니다. 2021년 2월 15일 기준 삼성전자우 주가는 7만 5,500원, 삼성전자는 8만 4,200원입니다. 삼성전자 우선주 주가가 보통주의 89.6% 수준에서 형성되어 있습니다. 같은 날 LG생활건강우의 주가는 73만 8,000원, LG생활건강은 168만 원입니다. LG생활건강 우선주는 보통주의 절반 수준에도 미치지 못합니다. 삼성전자우의 2020년 연간 배당수익률은 3.9%에 달합니다. 반면 LG생활건강우의 배당수익률은 1.6%에 불과합니다. 우선수의 배당 매력이 낮을수록 보통주에 비해 주가가 낮게 형성되는 경향이 있습니다.

배당이 우선주의 가치를 결정짓는 개별 요인이라면 금리는 외부 요인입니다. 배당주의 매력은 금리에 따라 상대적으로 결정됩니다. 우선주 역시 배당주로 인식되기 때문에 금리 영향을 받습니다. 금리가 하락하면 우선주의 가치는 부각되고 반대로 오르면 우선주의 매력이 감소하게 됩니다. 지난 10년간 국고채 3년물 금리와 삼성전자 보통주 대비 우선주의 가격 비율을 보면 우선주의 가치가 어떻게 결정되는지 알 수 있습니다.

|삼성전자 보통주 대비 우선주 주가와 국고채 3년물 금리|

* 출처: 삼성전자

|삼성전자 우선주 주당배당금과 배당수익률|　　　　　　　　　　　　　　(단위: 원, %)

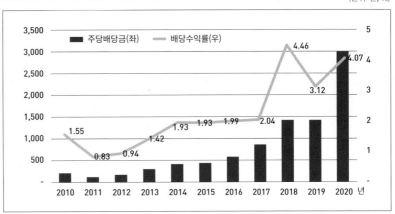

* 출처: 삼성전자

2010년만 하더라도 삼성전자의 우선주는 보통주의 70% 수준에서 거래되었습니다. 당시 국고채 3년물 금리는 4%에 달했습니다. 2011년과 2012년 들어서 국고채 3년물 금리는 3% 초반으로 하락했습니다. 그런데 우선주의 주가는 보통주의 60% 이하까지 하락합니다. 이유는 배당 매력이 감소했기 때문인데요. 우선주의 주당배당금은 2010년 201원에서 2011년 111원, 2012년 161원으로 하락합니다. 이에 따라 배당수익률도 1% 미만으로 낮아졌습니다. 2013년과 2014년 우선주는 보통주의 80% 수준까지 상승합니다. 우선주의 주당배당금이 대폭 늘어 배당수익률이 2%에 육박했기 때문입니다.

2015년 한때 우선주의 주가 수준이 보통주의 90%까지 치솟았는데요. 이는 금리 때문입니다. 당시 국고채 3년물 금리가 1% 초반까지 낮아져 배당 매력이 부각됐습니다. 2017년과 2018년 국고채 3년물 금리가 2%를 넘겼지만, 우선주의 주가 수준은 여전히 보통주의 80~85%를 유지했습니다. 이는 삼성전자가 배당금을 늘리면서 우선주 배당수익률이 2.0~4.5%에 달했기 때문입니다. 2020년 코로나19로 경제위기가 닥치자 국고채 3년물 금리는 한때 1% 이하로 하락했습니다. 여기에 삼성전자가 배당금을 대폭 늘리면서 우선주의 주가 수준은 보통주의 95% 수준까지 치솟았습니다.

정리하면 배당금이 증가할수록, 금리가 낮아질수록 보통주보다 우선주의 주가가 부각됩니다. 향후 삼성전자가 배당금을 늘리거나 금리가 하락할 것으로 예상된다면 보통주보다 우선주에 투자하는 것이 낫습니다. 주의할 점은 우선주 역시 보통주와 같은 삼성전자 주식이라는 것입니다. 따라서 반도체 경기가 꺾이고 삼성전자의 실적이 부진하면 주가가 하락할 수 있다는 점을 명심해야 합니다.

조심해야 할 우선주의 공통점

보통 우선주는 보통주에 비해 주가가 낮게 형성됩니다. 그런데 간혹 우선주의 주가가 보통주보다 훨씬 높은 경우가 있습니다. 2020년 6월 2일을 시작으로 삼성중공우(삼성중공업의 우선주)는 거래 정지일을 제외하고 10영업일 연속 상한가를 기록했습니다. 2020년 5월까지만 하더라도 5만 원대에 불과했던 삼성중공우는 6월 19일 장중 한때 96만 원까지 치솟았지요. 당시 삼성중공업 보통주 주가는 6,440원에 불과했습니다.

삼성중공우 주가 급등의 발단은 선박 수주 기대감입니다. 당시 덴마크 선주 셀시우스 쉬핑(Celsius Shipping)이 한국 조선소에 LNG선 건조 문의를 했다는 소식이 전해지자 삼성중공업 등 조선주 주가가 급등하기 시작했습니다. 그러나 잠시 부각되고 만 보통주와 달리 삼성중공우 주가는 연일 급등했습니다.

삼성중공우 외에도 일양약품우, 한화우, KG동부제철우의 주가도 덩달아 급등했습니다. 회사명만 보면 우리에게 친숙한 대기업 또는 중견기업들의 우선주입니다. 이런 우선주의 급등 현상을 보고 부실주 랠리라고 치부할 수도 없는 노릇입니다.

| 삼성중공우 주가 추이 |

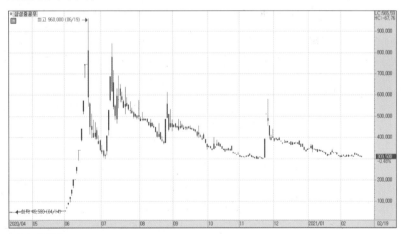

* 출처: 키움증권

이상 급등한 우선주의 공통점은 시가총액이 매우 작다는 점입니다. 발행주식수도 수만 주에서 수십만 주에 불과합니다. 이런 주식은 시장에서 흔히 '품절주'라고 불립니다. 품절주는 시가총액이 작고 유통주식수

가 거의 없어 조금만 매수세가 붙어도 쉽게 상한가를 가곤 합니다. 그러
나 기업가치와 무관한 상승이 대부분이기 때문에 다시 급락할 가능성이
높습니다. 초보투자자들이 이런 주식에 섣불리 투자했다간 큰 손실을
볼 수 있습니다. 일반적으로 시가총액이 작은 우선주의 급등 현상은 주
식시장이 불안한 상황에서 자주 발생합니다.

배당주 투자
무작정 따라하기

013

건물주의 꿈은 이루어진다, 리츠(REITs) 투자

건물주 꿈을 이루는 가장 현실적인 방법

20세기만 하더라도 장래희망을 묻는 질문에 대통령, 과학자가 되겠다는 학생들이 많았습니다. 그런데 최근에는 연예인이나 공무원, 심지어 임대사업자가 되고 싶다는 학생들이 늘고 있습니다. 오죽하면 '조물주 위에 건물주'라는 말이 생길 정도로 건물주는 자본주의 시대를 살아가는 사람들의 선망의 대상입니다. 주식시장에는 이런 사람들의 꿈을 실현시켜줄 투자상품이 존재하는데요. 바로 리츠(REITs)입니다.

리츠는 Real Estate Investment Trusts의 약자로 여러 투자자로부터 자금을 모아 부동산에 투자하고, 발생하는 임대수익, 부동산 매각수익을 배당의 형태로 투자자들에게 나눠주는 부동산 투자회사입니다. 투자자들은 리츠에 투자함으로써 부동산 운용수익을 얻을 수 있습니다. 리츠가 투자하는 부동산은 다양합니다. 2021년 1월 말 기준 국내 리츠가 가장 많이 투자한 부동산은 주택(자산 비중 59.1%)이며, 오피스(23.8%), 리테일(12.2%) 순입니다. 물류센터(1.5%), 호텔(0.7%) 등도 규모는 작지만 리츠의 투자대상에 속합니다.

| 리츠의 투자유형 부동산별 자산총계 |

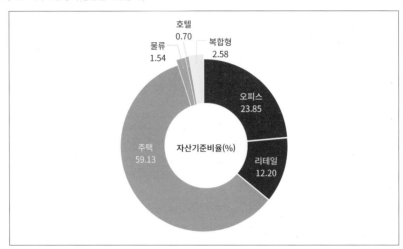

• 출처: 국토교통부, 기준일: 2021. 1. 21.

| 리츠의 투자구조 |

리츠는 주식처럼 HTS를 통해 누구나 쉽게 사고팔 수 있습니다. 또한 소액으로 부동산에 투자할 수 있는 상품입니다. 2021년 2월 15일 기준 상장된 리츠 중 주가가 가장 높은 신한알파리츠의 주가는 7,040원입니다. 단돈 1만 원만 있으면 국내 상장 리츠를 모두 살 수 있는 것입니다. 리츠는 화끈한 배당주입니다. 리츠는 배당가능이익의 90% 이상(위탁관리리츠의 경우)을 의무적으로 배당해야 하기 때문에 배당에 후할 수밖에 없습니다.

국내 리츠 시장의 성장 가능성

2021년 1월 기준 국내 리츠의 수는 280개, 자산총계는 61조 4,000억 원입니다. 이 가운데 상장된 리츠는 13개이며 합산 시가총액은 4조 1,571억 원(2021년 2월 15일 기준)입니다. 이는 국내 전체 주식시장 시가총액의 0.2% 수준입니다. 주요국 주식시장에서 리츠가 차지하는 비중은 미국의 경우 2.9%(2018년 말 기준), 호주 8.1%, 일본 2.5%, 싱가포르 16.8%입니다. 국내 상장 리츠 시장은 아직 걸음마 단계라 볼 수 있습니다.

|국내 리츠 수 및 총자산|

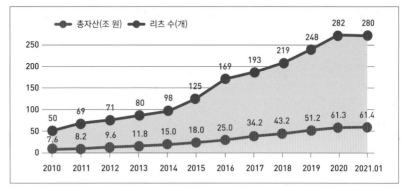

* 출처: 국토교통부

정부는 2019년 9월 '공모형 부동산간접투자 활성화 방안'을 발표했습니다. 2020년부터 공모형 리츠와 부동산펀드를 통해 얻은 배당소득은 다른 금융소득과 분리해 더 낮은 세율을 적용받게 됩니다. 구체적으로 살펴보면 투자자가 5천만 원 한도로 3년 이상 공모형 리츠와 부동산펀드에 투자하면 배당소득에 대해 분리과세 9%가 적용됩니다. 현재 배당소득세가 14%인 것을 감안하면 큰 혜택인 셈입니다. 또한 공모형 리츠와 부동산펀드에 100% 투자하는 사모 리츠 또는 부동산펀드에도 재산세 분리과세가 적용됩니다. 현재 정부는 공모 리츠가 새로운 부동산을 취득할 때 취득세를 감면해주는 방안도 검토 중에 있습니다. 투자자가 앞으로 리츠 시장에 주목해야 하는 이유입니다.

리츠 투자 시 꼭 확인해야 하는 6가지

리츠 투자 시 살펴봐야 할 사항은 투자대상, 임차인의 건전성, 부동산의 가치, 운용수익(FFO), 순자산가치(NAV), 배당 매력 6가지입니다. 투자대상, 임차인의 건전성, 부동산의 가치는 정성적인 부분에 해당하며, FFO, NAV, 배당 매력은 정량적인 부분에 해당합니다.

① 투자대상

부동산도 다 같은 부동산이 아닙니다. 리츠가 투자하는 부동산은 주택, 오피스, 리테일(백화점 및 할인점 등), 물류센터, 호텔, 의료시설, 데이터센터 등 다양합니다. 리츠별로 주력 투자 분야가 다르기 때문에, 어떤 부동산에 투자하고 있는지 확인이 필요합니다. 부동산 유형별로 경기 영향이 각기 다르기 때문입니다. 코로나19로 2020년 미국 리츠의 수익률은 극명히 갈렸는데요. 언택트 붐이 일면서 재택근무 등 온라인 트래픽이 크게 늘어나자 데이터센터 리츠들의 주가상승률은 S&P 500 지수를 웃돌았습니다. 온라인 쇼핑 수요도 덩달아 증가하면서 물류센터 리츠의 수익률도 양호했습니다. 반면 호텔 리츠는 시장에서 크게 소외되었습니다.

② 임차인의 건전성

임차인의 임대료 지불 능력도 살펴봐야 합니다. 임대료가 연체되면 리츠 역시 주주들에게 배당을 지급하는 데 문제가 발생할 수 있습니다. 임차인의 임대료 납부 능력은 재무상태를 통해 파악할 수 있습니다. 임차인의 실적, 재무안전성 등을 다각도로 살펴볼 필요가 있습니다.

③ 부동산의 가치

리츠의 주가는 배당 매력뿐만 아니라 투자한 부동산의 가치에 따라 움직이곤 합니다. 따라서 투자한 부동산의 입지 및 개발 호재 등에 따라 리츠의 주가가 변동할 수 있으니 잘 살펴봐야 합니다.

④ 운용수익(FFO)

FFO는 Fund From Operation의 약자로 운용수익입니다. FFO는 기업으로 치자면 순이익 같은 개념입니다. FFO의 계산식은 다음과 같습니다.

> FFO = 순이익 + (유무형자산)감가상각비 – 자산매각을 통한 이익

리츠를 평가할 때 순이익을 쓰지 않고 FFO를 사용하는 이유는 배당 여력이 중요하기 때문입니다. 감가상각비는 장부에만 반영시키는 비용일 뿐 실제 현금이 나가는 것은 아닙니다. 때문에 순이익에 감가상각비를 더해주는 것입니다. 자산매각 이익을 빼는 이유는 일회성 이익이기 때문입니다. 일시적으로 이익이 크게 늘었다고 해서 향후 배당 여력까지 확대되는 것은 아닙니다.

이렇게 구한 FFO를 이용해 리츠의 가치를 평가하기도 합니다. 시가총액을 가격(Price), 즉 P로 두고 P를 FFO로 나눠서 P/FFO를 계산합니다. P/FFO가 낮으면 저평가, P/FFO가 높으면 고평가로 판단합니다. P/FFO는 기업의 주가수익비율(PER)과 유사한 개념입니다.

한편 리츠마다 투자하는 부동산, 배당 매력이 다르기 때문에 절대적인 P/FFO의 수치는 크게 의미가 없습니다. 따라서 P/FFO는 투자하고 있는 부동산과 배당 매력이 비슷한 리츠끼리 비교하거나 최근 5년 추이를 보고 과거와 비교해 높고 낮은지 판단하는 것이 좋습니다.

감가상각비

시간이 지나면서 가치가 지속적으로 감소하는 것을 기업 장부에 반영시키기 위해 계산된 비용이다. 감가상각비는 건물, 기계장치 등 유형자산에서 발생하는 감가상각비와 특허권 등 무형자산에서 발생하는 감가상각비로 나뉜다.

주가수익비율(PER)

기업의 주가가 벌어들이는 이익의 몇 배에 형성되어 있는지 파악하는 지표이다. '주가(시가총액)/주당순이익(순이익)'으로 계산한다.

⑤ 순자산가치(NAV)

NAV는 Net Asset Value의 약자로 리츠가 보유한 부동산의 가치를 감정평가액으로 평가한 것입니다. NAV 역시 리츠의 시가총액 P를 NAV로 나눠 해당 리츠의 고평가, 저평가 여부를 판단하는 데 쓰입니다. P/NAV는 기업의 주가순자산비율(PBR)과 비슷한 개념입니다. P/NAV 역시 투자하고 있는 부동산과 배당 매력이 비슷한 리츠끼리 비교하거나 최근 5년 추이를 보고 과거와 비교해 높고 낮은지 판단해야 합니다.

알아두세요

주가순자산비율(PBR)
기업의 주가가 기업의 장부가치에 비해 몇 배에 형성되어 있는지 파악하는 지표이다. '주가(시가총액)/주당순자산(자본)'으로 계산한다.

⑥ 배당 매력

주식시장에서 리츠는 배당주로 인식하기 때문에 무엇보다 배당 매력이 중요합니다. 부동산을 잘 운용해서 배당금을 꾸준히 늘린다면 주가 상승의 원동력이 될 수 있습니다. 배당 매력은 금리라는 외부 변수에도 좌우되기 때문에 금리 역시 잘 살펴봐야 합니다. 향후 저금리 상황이 지속되면 리츠의 매력은 올라갈 수 있지만, 반대로 금리가 오른다면 상대적으로 리츠의 매력은 하락할 수 있습니다.

리츠 배당에 관한 정보는 일반 주식과 마찬가지로 네이버금융 및 증권사 HTS 등 다양한 곳에서 확인 가능합니다. 배당 정보의 원문은 전자공시시스템에서 찾을 수 있습니다. 리츠는 배당을 발표할 때 '현금·현물배당 결정'이라는 제목으로 공시를 하지 않습니다. 리츠답게 '부동산 투자회사 금전배당 결정'이라는 제목으로 공시합니다. 다음은 2020년 11월 신한알파리츠가 발표한 배당공시입니다.

1. 배당금총액(원)			9,654,508,819
2. 1주당 배당금(원)		보통주식	153
		종류주식	412
– 기준가격 조정 대상 여부	보통주식	기준가격	6,772
		가격제한폭 초과	미해당
– 기준가격 조정 대상 여부	종류주식	기준가격	15,000
		가격제한폭 초과	미해당
3. 시가배당률(%)		보통주식	2.3
		종류주식	2.7
4. 배당기준일			2020-09-30
5. 배당금지급 예정일			제5기 정기주주총회일로부터 1개월 이내
6. 주주총회 예정일자			2020-12-18
7. 이사회 결의일(결정일)			2020-11-05
– 사외이사 참석여부		참석(명)	-
		불참(명)	-
– 감사(사외이사가 아닌 감사위원) 참석여부			참석

* 출처: 전자공시시스템, 기준일: 2020. 11. 5.

한편 P/FFO나 P/NAV는 PER이나 PBR처럼 금융 포털이나 증권사 HTS에서 따로 제공해주지 않습니다. 따라서 투자자가 직접 재무제표를 보고 계산하거나, 증권사 리포트를 참조해야 합니다. 상장된 리츠의 수가 매우 적어 아직 리츠 관련 정보가 많지 않은 상황입니다. 다만 오히려 이런 부분이 투자 관점에선 기회가 될 수 있습니다.

국내 상장 리츠 총정리

국내 상장 리츠 중에서는 오피스에 투자하는 리츠가 가장 많습니다. 케이탑리츠, 신한알파리츠, NH프라임리츠, 이지스밸류리츠, 제이알글로벌리츠가 여기에 해당합니다. 특히 제이알글로벌리츠는 해외 오피스에 투자하여 눈에 띕니다. 벨기에 브뤼셀 중심업무지구에 위치한 파이낸스 타워를 소유하고 있습니다. 오피스 리츠 다음으로는 리테일 리츠가 많습니다. 이리츠코크렙은 이랜드 계열의 리츠 회사로 뉴코아 야탑점, 일산점, 평촌점을 보유하고 있습니다. 롯데리츠는 다수의 롯데백화점, 롯데아울렛, 롯데마트 건물을 소유하고 있습니다. 미래에셋맵스리츠는 광교 센트럴푸르지오시티 상업시설에 투자합니다. 에이리츠는 오피스와 주택에 투자하고 있으며, 이지스레지던스리츠는 더샵부평 공공지원민간임대주택 운영을 통해 수익을 창출합니다. 모두투어리츠는 스타즈호텔 4곳, 코람코에너지리츠는 전국 187개 주유소, 가장 최근 상장한 ESR 켄달스퀘어리츠는 11곳의 물류센터를 각각 보유하고 있습니다.

각 리츠마다 임차인이 누구인지, 임차인과의 계약은 어떤 방식으로 이뤄졌는지 파악해야 합니다. [사업보고서] - [II. 사업의 내용] 경로로 접근하면 임차인에 관한 정보 및 구체적인 계약조건 등을 확인할 수 있습니다.

| 국내 상장 리츠와 주요 투자 부동산 |

리츠명	투자 부동산	분류
에이리츠	삼성생명 상계/광명빌딩, 영등포구 공동주택 신축 및 준공공임대주택, 대구광역시 주상복합신축사업(예정)	오피스, 주택
케이탑리츠	쥬디스태화 본관빌딩, 케이탑 완정빌딩, 판교 산운 아펠바움, 케이탑 화정빌딩, 미원빌딩, 케이탑 서초빌딩	오피스
모두투어리츠	스타즈호텔(명동1호점, 명동2호점, 동탄점, 독산점)	호텔
이리츠코크렙	뉴코아(야탑점, 일산점, 평촌점)	리테일
신한알파리츠	판교 크래프톤타워, 용산 더프라임타워, 대일빌딩, 트윈시티 남산, 신한L타워	오피스
롯데리츠	롯데백화점(강남점, 구리점, 광주점, 창원점), 롯데아울렛(청주점, 대구율하점), 롯데마트(서청주점, 대구율하점, 의왕점, 장유점)	리테일
NH프라임리츠	서울스퀘어, 강남N타워, 삼성물산 서초사옥, 삼성SDS타워	오피스

이지스밸류리츠	태평로빌딩	오피스
이지스레지던스리츠	더샵부평 공공지원민간임대주택	주택
미래에셋맵스리츠	광교 센트럴푸르지오시티 상업시설	리테일
제이알글로벌리츠	벨기에 브뤼셀 중심업무지구 파이낸스 타워	오피스
코람코에너지리츠	전국 187개 주유소	기타
ESR켄달스퀘어리츠	부천 저온물류센터 포함 11곳의 물류센터	물류센터

* 출처: 각 사 사업보고서

리츠마다 결산월과 연간 배당 횟수가 다르니, 배당을 받기 위해서는 배당 일정 역시 잘 파악하고 있어야 합니다.

| 국내 상장 리츠와 배당에 관한 정보 |

(단위: 원, 억 원)

종목코드	리츠명	상장일	결산월	연간 주당 배당금	배당 수익률	연간 배당 횟수	주가	시가 총액
140910	에이리츠	20110714	12	450	6.4%	1회	6,990	265
145270	케이탑리츠	20120131	12	24	1.4%	1회	1,725	797
204210	모두투어리츠	20160922	12	168	5.6%	1회	3,025	237
088260	이리츠코크렙	20180627	6	175	3.4%	2회	5,180	3,281
293940	신한알파리츠	20180808	3	148	2.1%	2회	7,050	3,689
330590	롯데리츠	20191030	12	157	3.1%	2회	5,120	8,805
338100	NH프라임리츠	20191205	11	119	2.8%	2회	4,230	789
334890	이지스밸류리츠	20200716	10	60	1.2%	1회	4,920	1,181
350520	이지스레지던스리츠	20200805	6				4,840	997
357250	미래에셋맵스리츠	20200805	11				4,745	954
348950	제이알글로벌리츠	20200807	1		발표 전		5,190	8,595
357120	코람코에너지리츠	20200831	5				4,780	3,328
365550	ESR켄달스퀘어리츠	20201223	5				6,040	8,653

* 출처: 각 사
* 에이리츠, 케이탑리츠, 모두투어리츠, 신한알파리츠의 주당배당금은 2019년 기준
* 주가는 2021년 2월 15일 기준. 배당수익률은 표에 기재된 주당배당금과 주가로 계산

우량 임차인과 계약조건 파악하기

[사업보고서] - [II. 사업의 내용] 경로로 접근하면 리츠가 투자한 부동산의 상세내역을 파악할 수 있습니다. 아래는 신한알파리츠의 투자 부동산 중 하나인 판교 크래프톤타워에 관한 정보입니다. 주소는 경기도 성남시 분당구 분당내곡로 117입니다. 판교역 지하철과 맞닿아 있는 곳으로 판교의 중심지에 위치해 있습니다. 임차인은 오피스의 경우 크래프톤, 네이버, 스노우 등입니다. 크래프톤은 넥슨, 엔씨소프트와 어깨를 나란히 하는 게임회사입니다. 코스피 시가총액 10위 안에 드는 네이버와 네이버 계열사 스노우 역시 임대료 걱정이 필요 없는 회사입니다.

| 신한알파리츠가 투자 중인 판교 크래프톤타워에 관한 정보 |

구분	판교 크래프톤타워
위치	경기도 성남시 분당구 분당내곡로 117
대지면적/연면적	7,337.50㎡ / 99,596.04㎡
건물규모	지하 7층 ~ 지상 15층
승강기/주차대수	18대 / 710대
용도	업무시설, 판매시설
준공일	2018년 3월
입지	판교 중심지로 판교역 지하 연결, 판교 현대백화점 상권 내 위치
주요 임차인	오피스: 크래프톤, 네이버, 스노우 등 리테일: MUJI, 병원, 은행 및 증권사 지점 등
임대율	100%

• 출처: 신한알파리츠 사업보고서

제이알글로벌리츠의 임대계약 조건은 특이합니다. 아래는 제이알글로벌리츠가 임차인인 벨기에 연방정부 산하의 벨기에 건물관리청과 맺은 임대계약에 관한 내용입니다. 사업보고서에 따르면 제이알글로벌리츠는 벨기에 건물관리청과 2034년 말까지 중도해지 옵션 없이 임대계약을 체결했습니다. 또한 임대료는 벨기에 건강지수에 따라 조정하기로 정했는데요. 벨기에 건강지수가 오르면 임대료가 상승하고, 하락하면 임대료 역시 줄어드는 것입니다. 코로나19에도 불구하고 2020년 10월까지 벨기에 건강지수는 전반적으로 상승했습니다. 따라서 제이알글로벌리츠의 임대료 역시 안정적으로 유입될 것이란 사실을 파악할 수 있습니다.

| 제이알글로벌리츠와 벨기에 건물관리청이 맺은 임대계약 및 임대료 조정에 관한 사항 |

당사의 투자대상 기초자산인 파이낸스 타워(Finance Tower Complex)는 벨기에 연방정부, 금융회사가 밀집한 핵심 오피스 지역인 브뤼셀 중심업무지구(CBD) 내 펜타곤(Pentagon) 지역에 위치하고 있으며, 벨기에 연방정부 산하의 벨기에 건물관리청이 전체 면적에 대해 2034년 말(2034. 12. 31.)까지 중도해지 옵션 없이 임차 중입니다.

(중략)

한편, 파이낸스 타워의 임대료는 벨기에 건강지수(Health Index*)를 적용하여 연간 임대료가 자동으로 조정**됩니다. 2019년 12월 벨기에 건강지수는 109.18포인트입니다. 최근 COVID-19 확산에 따른 경기침체로 인해 벨기에 건강지수의 상승폭이 둔화되거나 하락할 가능성을 배제할 수 없으며, 이에 따른 임대료의 상승폭이 둔화되거나 혹은 하락할 수 있습니다. 이와 관련하여 COVID-19의 확산이 시작된 2020년 1월 이후의 벨기에 건강지수 추이를 살펴보면, 2020년 1월부터 8월까지의 건강지수는 각 109.72포인트(2020. 1.), 109.87 포인트(2020. 2.), 109.96포인트(2020. 3.), 110.22포인트(2020. 4.), 110.10포인트(2020. 5.), 110.05포인트(2020. 6.), 110.16포인트(2020. 7.), 110.20포인트(2020. 8.), 109.78(2020. 9.), 110.11(2020. 10.)로 2019년 12월 대비 COVID-19가 벨기에 건강지수에 미치는 부정적인 영향은 관찰되지 않고 있습니다.

* **Health Index**: 벨기에 통계청이 매월 고시하는 통계수치로, 소비자물가지수(Consumer Price Index)에서 주류, 담배, 경유, 휘발유 등의 항목이 제외된 수치
** **연간 임대료 조정에 적용되는 벨기에 건강지수**: 전년도 12월 건강지수 기준

* 출처: 제이알글로벌리츠의 2020년 3분기 분기보고서

한편 리츠는 사업보고서 외에도 홈페이지에 투자자를 위한 투자정보를 제공하고 있습니다. 사업보고서는 분기마다 제출되는 반면, 일부 리츠는 월별로 간단한 투자정보를 보고서 형태로 제공해줍니다. 아래는 신한알파리츠 홈페이지에서 제공하고 있는 월별 투자보고서입니다.

| 신한알파리츠 홈페이지에서 제공하는 월간보고서 |

신한알파리츠
Shinhan Alpha REIT

HOME   리츠소개   투자자산   공시정보   보도자료   문의

| IR | 정기공시 | 수시공시 |

2021년 1월 월간보고서   2021.02.15   781

월간보고서(202101).pdf

* 출처: 신한알파리츠

배당주 발굴이 어렵다면
'배당 ETF'

투자업계 불변의 진리는 '달걀을 한 바구니에 담자 말라.'입니다. 자칫 바구니를 떨어뜨리면 그 안에 담겨있던 달걀이 모두 깨질 수 있기 때문입니다. 분산투자의 중요성을 강조한 말인데요. 1~2종목에 집중투자하는 것보다는 다양한 종목에 분산투자하는 것이 리스크를 줄일 수 있는 방법입니다. 그런데 가뜩이나 종목을 발굴할 시간이 없는 개인투자자 입장에서 분산투자는 여간 어려운 것이 아닙니다. 이런 투자자의 고민을 속 시원하게 해결해 줄 수 있는 투자상품이 있는데, 바로 상장지수펀드(ETF)입니다.

ETF는 Exchange Traded Fund의 약자로 말 그대로 펀드를 주식처럼 상장시켜 쉽게 사고팔 수 있게 만든 상품입니다. ETF는 다양한 종목으로 구성되어 있는데요. 따라서 ETF 1개만 매수해도 수십, 수백 개의 종목을 사는 것과 같은 효과가 발생합니다. 개별 주식투자가 단품 식사라면 ETF는 수십 가지 음식을 다 맛볼 수 있는 뷔페인 셈입니다.

그렇다고 ETF가 아무 종목으로 구성되는 것은 아닙니다. ETF는 특정 지수나 자산을 따라 움직이도록 설계되어 있습니다. 가령 KOSPI 200 ETF라고 한다면 KOSPI 200 지수와 똑같이 움직이도록 구성 종목, 종목별 비중이 결정됩니다. 따라서 배당주로 포트폴리오를 짜기 힘든 투자자들은 배당 관련 ETF를 선택하는 것도 방법입니다.

ETF 투자 시 알아야 할 점

① 보수

ETF도 엄연히 자산운용사가 운용, 판매하는 수고가 발생하기 때문에 보수가 필요합니다. 물론 일반 펀드처럼 높진 않습니다. 펀드매니저가 스스로 종목을 발굴하고 비중을 조절하는 것이 아니기 때문입니다. 일반 펀드의 보수가 투자금의 1~3%대라면, ETF는 0.01~1%입니다. 똑같은 지수를 따라 움직이는 ETF라도 운용사마다 보수가 다릅니다. 일례로 같은 KOSPI 200을 따라 움직이는 ETF라도 보수는 KODEX(삼성자산운용) 200은 0.15%, TIGER(미래에셋자산운용) 0.05%, KINDEX(한국투자신탁운용) 200은 0.09%입니다. 투자자 입장에서는 아무래도 보수가 저렴한 ETF를 선택하는 것이 좋겠죠?

② 추적오차와 괴리율

그렇다면 그냥 보수가 저렴한 ETF를 선택하면 될까요? 그렇게 간단한 문제는 아닙니다. 보수 외에 추가로 고려해야 할 사항이 있습니다. 가령 KOSPI 200 지수를 따라 움직이는 ETF가 있습니다. 해당 ETF의 자산은 1,000억 원입니다. 보수가 0.1%라고 하면 운용사는 1억 원을 제외한 999억 원을 KOSPI 200 지수와 똑같이 움직이도록 포트폴리오를 구성합니다. 이렇게 ETF의 자산에서 보수를 제외한 것을 순자산가치(NAV)라고 합니다. NAV를 발행주식수로 나누면 주당 NAV가 되며 이는 ETF의 기준가격이 됩니다. 그런데 아무리 KOSPI 200 지수와 똑같이 포트폴리오를 구성한다하더라도 100% 복제는 불가능합니다. 따라서 ETF 기준가격이 KOSPI 200 지수를 정확히 따라 움직이지 못하는 현상이 발생하는데 이를 추적오차(Tracking Error)라고 합니다. 좋은 ETF는 추적오차가 적습니다.

또한 ETF의 주가도 정확히 ETF의 기준가격과 일치하는 것은 아닙니다. 매수세와 매도세에 따라 ETF의 주가가 기준가격보다 높게 거래되거나 낮게 거래되는 현상이 종종 발생합니다. 이렇게 ETF의 주가와 기준가격의 차이를 괴리율이라고 합니다. 투자자는 되도록 ETF의 주가가 기준가격보다 낮을 때(괴리율이 마이너스일 때) 매수하는 것이 좋습니다.

네이버금융에서 ETF를 검색하고 종합정보 탭에서 순자산가치 NAV 추이를 보면, 일별로 추적 오차율과 괴리율을 확인할 수 있습니다.

| KODEX 200 ETF의 괴리율과 추적오차율 |

순자산가치 NAV 추이					더보기 ▸
날짜	종가	NAV	괴리율	추적오차율	위험평가액 비율
2021.02.17	N/A	N/A	N/A	N/A	N/A
2021.02.16	43,495	43,612	-0.27%	0.63%	N/A
2021.02.15	43,305	43,395	-0.21%	0.63%	N/A
2021.02.10	42,680	42,654	+0.06%	0.63%	N/A
2021.02.09	42,385	42,472	-0.20%	0.63%	N/A
2021.02.08	42,530	42,578	-0.11%	0.63%	N/A
2021.02.05	42,950	43,014	-0.15%	0.63%	N/A
2021.02.04	42,410	42,521	-0.26%	0.63%	N/A
2021.02.03	43,130	43,214	-0.19%	0.63%	N/A
2021.02.02	42,775	42,794	-0.04%	0.63%	N/A

• 출처: 네이버금융

③ 거래대금

간혹 괴리율이 상당한(±0.5% 이상) ETF를 발견하곤 합니다. 정상적인 상황이 아닌데요. 이는 거래가 잘 되지 않아 벌어지는 현상입니다. 거래량이 적으면 사고 싶을 때 사지 못 하고 팔아야 할 때 팔 수 없게 됩니다. 따라서 ETF에 투자하기에 앞서 원활하게 거래가 잘 되는지 확인할 필요가 있습니다. ETF의 일평균 거래대금이 5억 원 이상이어야 괴리율도 작고 거래하는 데 문제가 없습니다.

투자할 만한 국내 배당 ETF는?

2021년 2월 기준 국내 주식시장에 상장된 배당 관련 ETF는 총 25개입니다. 고배당 관련 ETF가 11개로 가장 많으며, 해외 배당주 ETF가 5개, 배당성장 ETF가 3개, 배당과 다른 자산 및 다양한 스타일을 혼합한 ETF가 6개입니다. 그런데 유동성 걱정 없이 투자할 만한 ETF는 ARIRANG 고배당주, KODEX 배당가치, TIGER 부동산인프라고배당 정도입니다. 나머지는 평균거래대금이 5억 원 미만으로, 사고파는 데 어려움이 있을 수 있습니다.

국내 배당 관련 ETF	(단위: 억 원)

국내 배당 ETF	거래대금
ARIRANG 고배당주	12.4
KODEX 배당가치	9.5
TIGER 부동산인프라고배당	5.5
KBSTAR 중소형고배당	4.2
KBSTAR 대형고배당10TR	4.0
KBSTAR KQ고배당	3.9
KBSTAR 고배당	3.3
KODEX 미국S&P고배당커버드콜(합성 H)	2.3
KODEX 배당성장	2.3
KODEX 고배당	2.3
TIGER 코스피고배당	1.8
KODEX 배당성장채권혼합	1.3
ARIRANG 고배당저변동 50	1.1
TIGER 유로스탁스배당 30	1.1
TIGER 배당성장	1.1
ARIRANG 고배당주채권혼합	0.9
ARIRANG 미국다우존스고배당주(합성 H)	0.6
KOSEF 고배당	0.4
KOSEF 미국방어배당성장나스닥	0.4
HANARO 고배당	0.3

KBSTAR 미국고정배당우선증권ICE TR	0.3
파워 고배당저변동성	0.2
KOSEF 배당바이백Plus	0.2
KBSTAR 200고배당커버드콜ATM	0.1
KINDEX 배당성장	0.1

* 거래대금은 2021년 2월 16일 기준 연평균거래대금

ARIRANG 고배당주는 FnGuide 고배당주 지수를 따라 움직이는 ETF
입니다. FnGuide는 지수산출 기관으로 FnGuide 고배당주 지수는 시가
총액이 높은 200개 종목 중에서 배당수익률이 높은 30종목을 선정해 산
출됩니다. 하나금융지주, 메리츠화재, KB금융 등 금융주 비중이 50% 이
상입니다. 최근 연간 분배금은 470원으로 분배금수익률은 4.6%입니다.
참고로 ETF에 편입된 주식에서 발생한 배당금은 ETF에 입금되고, 이
렇게 쌓인 현금자산은 정해진 날짜에 투자자에게 지급됩니다. 분배금에
는 배당금뿐만 아니라 현금 및 채권 이자 등이 포함됩니다. 투자자 입장
에서 분배금은 배당금으로 인식하면 됩니다. ARIRANG 고배당주의 최
근 운용성과는 그리 좋지 못한데요. 2021년 1월 29일 기준으로 1년 수
익률이 -3.11%, 3년 수익률이 -21.75%입니다. 이는 ETF에 금융주들이
많이 편입되어 있기 때문입니다. 2017년 이후 금융주들 주가가 크게 조
정을 받으면서 ARIRANG 고배당주 역시 부진했습니다.

KODEX 배당가치는 FnGuide SLV 배당가치 지수를 추종하는 ETF입
니다. FnGuide SLV 배당가치 지수는 코스피, 코스닥 상장 종목 중 거
래대금이 풍부한 시가총액 상위 500 종목을 먼저 선정한 후, 이 중 배당
관련 지표가 우수한 상위 150종목으로 구성됩니다. 시가총액 상위 종목
으로 구성되기 때문에 업종을 불문하고 삼성전자, 기아차, POSCO 등
대형주가 포함되어 있습니다. 분배금수익률은 2.2%로 높지 않지만 운
용성과는 괜찮은 편입니다. 2021년 1월 29일 기준으로 1년 수익률은
24.04%, 설정 이후는 26.29%입니다.

TIGER 부동산인프라고배당은 FnGuide 부동산인프라고배당 지수를 복제한 ETF입니다. FnGuide 부동산인프라고배당 지수는 리츠와 인프라 투자회사 및 상장주식 중에서 실적과 연속 배당 여부를 고려해 선정된 종목으로 구성됩니다. 맥쿼리인프라, 롯데리츠, 신한알파리츠 등 리츠가 큰 비중을 차지하고 있습니다. 분배금수익률은 4.9%로 앞서 소개한 ETF 중 가장 높습니다. 운용성과는 2021년 1월 29일 기준으로 1년 수익률이 1.79%, 설정 이후 +2.80%입니다.

| 대표 배당 ETF 핵심 정보 |

ETF명	ARIRANG 고배당주	KODEX 배당가치	TIGER 부동산 인프라고배당
기초자산	FnGuide 고배당주 지수	FnGuide SLV 배당주형 지수	FnGuide 부동산인프라고 배당 지수
상장일	2012-08-29	2019-05-30	2019-07-18
종목수	30	150	36
상위 5종목 비중	하나금융지주(5.30%) 쌍용C&E(5.15%) 메리츠화재(5.00%) KT&G(4.71%) KB금융(4.49%)	삼성전자(18.55%) 기아차(6.95%) POSCO(4.76%) 신한지주(4.29%) KB금융(4.15%)	맥쿼리인프라(16.37%) 롯데리츠(15.43%) 신한알파리츠(6.47%) 맵스리얼티1(6.38%) 코람코에너지리츠(5.70%)
총보수	0.23%	0.30%	0.29%
분배금 기준일	매 1, 4, 7, 10월 마지막 영업일 및 회계기간 종료일	매 1, 4, 7, 10월 마지막 영업일 및 회계기간 종료일	매 1, 4, 7, 10월 마지막 영업일 및 회계기간 종료일
분배금(최근 1년)	470원	270원	240원
분배금수익률	4.6%	2.2%	4.9%
운용성과	1년: -3.11% 3년: -21.75% 설정 이후: 26.46%	1년: 24.04% 설정 이후: 26.29%	1년: 1.79% 설정 이후: 2.80%

* 운용성과는 분배금 재투자 가정
* 구성종목 비중, 운용성과, 분배금수익률은 2021년 1월 29일 기준

투자 매력이 높은 우선주를 골라보자

예제

A기업 우선주, B기업 우선주, C기업 우선주가 있습니다. 다음 중 투자 매력이 가장 높은 우선주는 무엇일까요?

| 우선주 비교표 |

	A기업 우선주	B기업 우선주	C기업 우선주
우선주/보통주 주가	70%	120%	85%
시가총액	1조 2,000억 원	365억 원	9,500억 원
발행주식수	5,000만 주	100만 주	8,000만 주
참가적 여부	참가적	비참가적	참가적
누적적 여부	비누적적	비누적적	비누적적
배당수익률	3.40%	배당 없음	3.50%

정답

먼저 보통주와 비교한 주가 수준입니다. A기업 우선주가 보통주의 70%, B기업 우선주는 120%, C기업 우선주는 85%에 각각 거래되고 있습니다. 우선주는 보통주에 비해 낮게 거래되는 것이 특징인데 B기업 우선주는 오히려 20% 할증되어 있습니다. 시가총액은 365억 원에 불과합니다. 발행주식수도 100만 주로 매우 적어 소위 말하는 품절주로 인식될 만한 종목입니다. 반면 A기업 우선주와 C기업 우선주는 시가총액이 각각 1조 2,000억 원, 9,500억 원입니다. 발행주식수도 수천만 주로 유동성도 풍부한 편입니다.

배당 관련 옵션 중에서 배당금 누적 여부에 해당하는 누적적 우선주는 없습니다. 다만 A기업 우선주와 C기업 우선주가 잔여이익에 대해 참여할 수 있는 참가적 우선주에 해당합니다. 끝으로 배당수익률입니다. A기업 우선주는 3.4%, C기업 우선주는 3.5%입니다. 반면 B기업 우선주는 배당을 지급하지 않습니다. 따라서 B기업 우선주는 가치 대비 매우 높게 거래되고 있음을 확인할 수 있습니다. 가치를 보고 접근할 만한 우선주는 A기업 우선주와 C기업 우선주입니다. 보통주 대비 주가 수준은 A기업 우선주가 매력적이며, 배당수익률은 C기업 우선주가 높습니다. 배당수익률이 높은 우선주를 선호한다면 C기업 우선주, 향후 주가 상승을 기대한다면 저평가된 A기업 우선주를 선택하는 것이 좋습니다.

다만 우선주를 선택함에 있어서 해당 기업의 실적, 전망 여부가 무엇보다 중요합니다. 아무리 배당수익률이 높고 보통주보다 낮게 거래된다 하더라도 해당 기업의 전망이 어둡다면 투자 매력이 떨어질 수밖에 없습니다.

015 영알못도 미국 배당주를 알아야 하는 이유

016 알아두면 수익률이 올라가는 미국 주식 기본상식

017 한국 배당주와 다른 미국 배당주 고르는 팁

018 배당주 투자수익률 극대화하기

019 급락장 오면 수익률 1등할 주식, 고정배당우선주

020 입맛대로 투자하는 미국 리츠

021 스타일이 다양한 미국 배당 ETF

022 미국 배당주 투자 시 참고해야 할 사이트

배당도 글로벌,
미국 배당주 투자

배당의 원조, 미국 주식

"배당 하면 미국 주식이지!"

고배당 씨가 배당 투자를 하고 있다는 사실을 알고 직장인 동료 A씨가 건넨 말입니다. A씨는 수년 전부터 미국 주식에 투자하고 있었습니다. 상당한 규모의 자금을 미국 주식에 투자하는 그는 매월 생활비를 미국 주식에서 나오는 배당금으로 충당하고 있었습니다. A씨의 배당투자는 고배당 씨에게는 신세계였습니다. 국내주식 중에도 분기나 반기마다 배당을 지급하는 주식이 있지만 극소수에 불과합니다. 때문에 국내주식으로 월 배당 받는 포트폴리오를 꾸리는 것은 꿈도 꾸지 못할 일입니다.

고배당 씨는 그날부로 미국 배당주 투자에 입문했습니다. 고배당 씨는 미국 주식을 공부할 때마다 깜짝깜짝 놀랐습니다. 미국 주식의 대부분은 분기 배당을 할 뿐더러, 매년 배당금을 성장시키는 종목이 대다수였기 때문입니다. 그런데 마냥 좋은 것만은 아니었습니다. 고배당 씨는 수백 개의 배당주 중에서 과연 어떤 종목을 골라야 할지 막막했습니다. 국내주식과 다른 기준을 적용해야 하는 것도 난관이었습니다. 미국 주식의 경우 배당성향이 상향 평준화되어 있어 국내주식과는 다른 잣대로 배당주를 골라야 했습니다.

영알못도 미국 배당주를 알아야 하는 이유

주주환원의 원조

자기자본이익률(ROE, Return On Equity)은 기업이 자본을 활용해 얼마나 돈을 잘 버는지 나타내는 지표입니다. 코스피 시장의 ROE는 어떨까요? 지난 10년간 10%를 넘긴 적이 손에 꼽습니다. 그런데 미국 기업들은 다릅니다. S&P 500 지수의 ROE는 반대로 10% 이하로 떨어진 적이 없습니다. 그만큼 미국 주식들의 성장률이 높기 때문일까요? 어느 정도 맞는 말이긴 하지만, 진짜 이유는 다른 데에 있습니다. ROE는 순이익을 자본총계로 나눈 값입니다. 기업이 자기자본을 활용해 얼마의 순이익을 창출하는지 파악하는 지표입니다. ROE를 높이기 위해서는 먼저 분자인 순이익이 커져야 합니다. 많이 팔아서 많이 남기면 되는 것이지요.

그런데 다른 방법도 있습니다. 바로 자본총계를 줄이는 방법입니다. 분모인 자본총계가 줄어들면 순이익은 늘지 않아도 ROE는 높아집니다. 기업이 ROE를 높이기 위해 자본총계를 줄이는 행위는 배당과 자사주 매입이 대표적입니다. 성숙기로 접어든 기업이 더 이상 성장만으로 주주가치를 올리기 힘들 때 사용하는 방법입니다. 벌어들인 돈을 회사에 쌓아놓지 않고 주주들에게 환원하는 것입니다.

미국 시장은 성장성이 높은 기업에게는 계속해서 투자금을 마련해주지

알아두세요

자사주 매입

기업이 자체 재원으로 주식시장에서 자기 회사 주식(자사주)을 사들이는 것. 매입한 자사주는 일반적으로 소각한다. 자사주를 매입하면 자본총계가 감소해 ROE가 높아지고, 주식수 역시 줄어 EPS가 증가한다.

만, 성장이 둔화되고 성숙기에 접어든 기업에게는 강력히 주주환원을 요구합니다. 순이익에서 주주환원에 지출한 규모(배당 및 자사주 매입)를 나타내는 총 주주환원비율의 경우 S&P 500 기업들은 지난 10년간 평균 103%(출처: 키움증권 '미국 주식을 사야 하는 이유' 보고서)를 나타냈습니다. 같은 기간 코스피 기업들은 28%에 불과했습니다. 또한 전 세계 배당금의 90%를 지급하는 시가총액 상위 1,200개 기업들의 총 배당금에서 미국 기업들이 차지하는 비중이 39%에 달합니다. 미국 주식이 배당의 원조라고 불리는 이유입니다.

한국과 다른 배당 스타일

한국은 분기 배당(분기, 반기 모두 포함)을 지급하는 기업이 2020년 기준 전체 상장기업 중 3%에 불과합니다. 그러나 미국은 상장기업 중 분기 배당을 지급하는 기업이 30%가 넘습니다. 2021년 2월 기준 미국 상장 기업의 수는 5,590개(우선주, ETF/ETN, 미국예탁증권 등 제외)이며, 이 중 1,843곳이 1년(2019년 4분기~2020년 3분기)에 두 번 이상 배당을 실시하지요. 월 배당을 지급하는 기업도 50여 곳(미국예탁증권, ETF/ETN 등 제외) 존재합니다. 또한 배당금을 매년 증가시키는 기업도 많습니다. 지난 5년간 매년 배당금을 늘린 기업의 수는 700개가 넘습니다.

우리나라에서는 '찬바람 불면 배당주'라는 말이 있습니다. 연말 배당 기대감이 생기면서 배당주로 매수세가 집중되기 때문이죠. 이는 국내 기업의 98%가 12월 결산법인이고, 대부분 기말 배당만 실시하는 까닭입니다. 그러나 미국 배당주는 찬바람과 아무 상관이 없습니다. 분기 배당을 실시하는 기업들이 많고 결산월도 제각각이기 때문입니다. 또한 국내 기업처럼 배당기준일이 특정 분기의 마지막 날로 통일되어 있지 않습니다. 따라서 배당을 받기 위해서는 개별 주식의 배당 스케줄을 꼭 확인해야 합니다. 인베스팅닷컴(kr.investing.com)에 접속해서 [도구 모음] – [캘린더] – [배당 일정]으로 접근하면 날짜별로 정리되어 있는 해외주식들의 배당금, 배당락일, 배당지급일 등을 확인할 수 있습니다.

| 인베스팅닷컴의 해외주식 배당 일정 |

회사	배당락일	배당	유형	지불일	수익률
	2021년 3월 1일 월요일				
Arrow Financial (AROW)	2021년 03월 01일	0.26	3M	2021년 03월 15일	3.23%
First Trust MLP & In… (FEI)	2021년 03월 01일	0.05	1M	2021년 03월 15일	9.62%
First Trust New Opp… (FPL)	2021년 03월 01일	0.0375	1M	2021년 03월 15일	9.51%
Houlihan Lokey Inc (HLI)	2021년 03월 01일	0.33	3M	2021년 03월 15일	2.02%
Rocky Brands (RCKY)	2021년 03월 01일	0.14	3M	2021년 03월 16일	1.57%
United Insurance Hol… (UIHC)	2021년 03월 01일	0.06	3M	2021년 03월 09일	4.08%
Whitestone REIT (WSR)	2021년 03월 01일	0.035	1M	2021년 03월 11일	5.05%
골드만 삭스 (GS)	2021년 03월 01일	1.25	3M	2021년 03월 30일	1.70%
맥케슨 (MCK)	2021년 03월 01일	0.42	3M	2021년 04월 01일	0.90%
이타우 ADR (ITUB)	2021년 03월 01일	0.00379167	1M	2021년 04월 12일	0.87%
키코프 (KEY)	2021년 03월 01일	0.185	3M	2021년 03월 15일	3.96%
할리데이비슨 (HOG)	2021년 03월 01일	0.15	3M	2021년 03월 19일	1.87%

* 출처: kr.investing.com

신속한 배당금 지급

한국 주식의 배당지급일정은 결산배당과 분기 배당에 따라 다릅니다. 분기 배당은 이사회결의일을 기점으로 20일 내에 지급됩니다. 배당지급을 위한 이사회결의는 보통 배당기준일을 기점으로 1~2개월 내에 진행합니다. 따라서 배당기준일로부터 2~3개월이 지나야 배당을 받을 수 있는 것이죠. 결산배당은 이보다 시간이 더 걸립니다. 결산배당의 경우 주주총회일을 기점으로 한 달 내에 지급됩니다. 12월 결산법인의 경우 대부분의 기업이 3월 중순에 주주총회를 진행합니다. 따라서 4월에나 배당을 받을 수 있습니다. 배당기준일이 12월 30일인 것을 감안하면 배당을 받기 위해 무려 3~4개월을 기다려야 하는 셈입니다.

그러나 미국 주식은 배당기준일로부터 대부분 1개월 내에 배당금이 지급됩니다. 다음은 해외주식 배당 정보 전문 사이트 디비던드인베스터닷컴(dividendinvestor.com)에서 조회한 애브비(AbbVie Inc, ABBV)의 배당에 관한 정보입니다.

|애브비 2021년 배당에 관한 정보|

Declared Date (배당선언일)	Ex-dividend Date(배당락일)	Record Date (배당기준일)	Pay Date (배당지급일)	Amount $ (주당배당금)
2021. 2. 18.	2021. 4. 14.	2021. 4. 15.	2021. 5. 14.	1.3
2020. 10. 29.	2021. 1. 14.	2021. 1. 15.	2021. 2. 16.	1.3

* 출처: dividendinvestor.com

'Declared Date'은 배당선언일로 배당을 언제, 얼마만큼 지급한다고 공시한 날입니다. 'Ex-dividend Date'는 배당락일입니다. 'Record Date'는 배당기준일, 'Pay Date'는 배당지급일입니다. 애브비의 2021년 두 번째 분기 배당기준일은 4월 15일입니다. 배당지급일은 5월 14일입니다. 배당기준일부터 배당지급일까지 딱 한 달이 걸리는 셈입니다. 한편 미국 주식의 결제일은 매매일로부터 3영업일 후입니다. 따라서 미국 주식 배당을 받기 위해서는 배당기준일로부터 3영업일 전에는 매수해야 합니다.

|한국 배당주와 미국 배당주의 특징|

구분	한국	미국
배당정책	• 매년 같은 배당금을 지급하거나 비슷한 배당성향을 유지하는 기업 존재 • 매년 배당금을 늘리는 기업은 극소수	매년 배당금을 늘리는 기업이 많음
배당지급 횟수	• 대부분 기말 배당지급 • 분기 배당지급 기업은 전체 상장사 중 2.7%	• 대부분 분기 배당지급 • 분기 배당지급 기업은 전체 상장사 중 30% 이상
배당지급 시기	배당기준일부터 2~4개월 내외	배당기준일부터 1개월 내외
계절성	가을(9~11월) 배당주에 대한 관심 고조	없음
배당기준일	분기의 마지막 날	기업마다 다름
결제일	T+2영업일	T+3영업일

배당주 투자
무작정 따라하기

016

알아두면 수익률이 올라가는 미국 주식 기본상식

거래시간과 수수료

미국 주식의 정규시장 거래시간은 현지 시간 기준 오전 9시 30분에서 오후 4시입니다. 한국시간으로 보면 평소에는 오후 11시 30분부터 새벽 6시까지, 서머타임에는 오후 10시 30분부터 새벽 5시까지입니다. 서머타임은 3월 둘째 주 일요일에 시작돼 11월 첫째 주 일요일까지 지속됩니다.

미국은 정규시장 외에도 프리마켓(Pre-market)과 애프터마켓(After-market)이 존재합니다. 프리마켓은 개장 전 5시간 30분, 애프터마켓은 장 마감 후 4시간입니다. 최근 해외주식 투자자가 많아지면서 국내 증권사들도 앞다퉈 프리마켓과 애프터마켓 거래 서비스를 확대하고 있습니다. 현재 정규시장 외 거래를 지원하는 증권사는 키움증권, 삼성증권, 한국투자증권, NH투자증권, 미래에셋대우, 신한금융투자, 하나금융투자, 대신증권, KB증권, 유안타증권 등 다양합니다. 다만 증권사마다 거래 지원 시간의 범위가 다르고, 프리마켓과 에프터마켓 거래 중 하나만 제공하는 등 차이가 있습니다.

 알아두세요 ─

서머타임
정확한 표기는 일광절약시간제 (Daylight Saving Time)로 하절기에 표준시보다 1시간 시계를 앞당겨 놓는 제도

	서머타임 적용	서머타임 미적용
프리마켓	17:00~22:30	18:00~23:30
정규시장	22:30~05:00	23:30~06:00
에프터마켓	05:00~9:00	06:00~10:00

국내 증권사의 해외주식 거래 수수료율은 통상 0.25%입니다. 국내주식 거래 수수료율과 비교가 안 될 정도로 높죠. 몇 번만 사고팔아도 수수료가 어마어마하게 나올 수 있습니다. 거래비용을 줄이기 위해선 증권사마다 신규 고객 유치를 위한 수수료 할인 이벤트를 진행하고 있는지 확인할 필요가 있습니다.

알면 수익률이 올라가는 세금 이슈

해외주식에 대한 세금은 크게 매각 차익과 배당금으로 구분해서 봐야 합니다. 먼저 매각 차익에는 양도소득세가 부과됩니다. 해외주식의 경우 기본공제 250만 원을 제외한 후 매각 차익에 대해 22%[양도소득세율 20% + 지방세율 2%(양도소득세율의 10%)] 양도소득세가 적용됩니다. 가령 미국 주식을 팔아 550만 원의 차익을 남겼다면 250만 원을 제외하고 나머지 300만 원에 대해서만 양도소득세를 내면 됩니다. 이 경우 납부해야 할 양도소득세는 66만 원(300만 원 × 22%)입니다.

해외주식에서 배당금이 지급될 경우 배당소득세는 현지에서 원천징수합니다. 현지 배당소득세율이 국내 세율보다 낮으면 그만큼을 한국에서 추가로 징수합니다. 미국 배당소득세율은 15%로 한국보다 높기 때문에 추가 징수는 없습니다. 다만 해외주식으로부터 수령한 배당금이 다른 금융소득과 합산해 2,000만 원이 넘으면 종합과세됩니다.

해외주식 세금 절세 방법은 크게 두 가지입니다. 먼저 이익이 난 종목과 손실이 난 종목을 함께 파는 것입니다. 해외주식 양도소득세는 1년간 발생한 차익과 손실을 합산해 계산합니다. 따라서 매도한 해외주식의 차익과 손실을 합산해 250만 원이 넘지 않는다면 세금을 내지 않아도 됩니다. 두 번째는 분할 매도하는 것입니다. 매각 차익에 대해 1년에 250만 원까지 공제해주기 때문에 이익이 난 종목에 대해서 매년 분할 매도를 실시한다면 양도소득세를 줄일 수 있습니다.

|미국 주식 관련 세금|

구분	세금 제도
매매차익	250만 원 제외 후 22% 양도소득세
배당금	• 15% 배당소득세 • 배당금을 포함한 금융소득이 2,000만 원을 넘을 경우 종합과세

양날의 검, 환율

미국 주식을 원화로 살 수 없기 때문에 달러로 환전하여 투자해야 합니다. 따라서 환율이라는 변수에 노출됩니다. 미국 주식이 오르더라도 같은 기간 환율이 하락한다면 이익이 축소될 수 있습니다. 반대로 주가가 내려도 환율이 오르면 어느 정도 손실을 방어할 수 있죠. 역사적으로 미국 주식과 원/달러 환율의 상관관계를 살펴보면, 대체적으로 반대로 움직이는 것을 확인할 수 있습니다. 즉 상승장엔 환율이 내려 이익이 축소되지만, 하락장엔 환율이 올라 손실을 방어하는 역할을 합니다.

| S&P 500 지수와 원/달러 환율 |

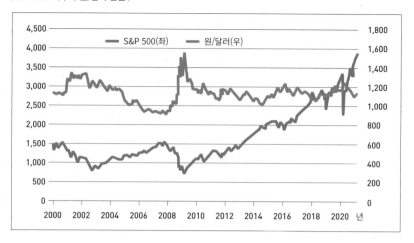

한국 배당주와 다른
미국 배당주 고르는 팁

배당성향이 너무 높은 기업은 조심해라

코스피 기업들의 평균 배당성향은 20~40%입니다. 그러나 S&P 500 기업의 평균 배당성향은 50% 이상입니다. 자사주 매입금액까지 고려하면 주주환원에 지출하는 규모는 순이익의 100%가 넘습니다. 미국 주식은 한국 주식에 비해 주주환원 규모가 상향 표준화되어 있습니다. 따라서 시장 평균보다 높은 배당성향을 지닌 배당주를 무조건 매력적으로 판단해서는 안 됩니다. 오히려 배당성향이 지나치게 높은 기업은 주의해야 합니다. 순이익은 늘지 않는 상황에서 배당금을 무리하게 높인 결과일 수 있기 때문입니다. 이런 기업은 향후 배당컷이 발생하며 주가가 크게 하락할 수 있습니다.

실제 제너럴일렉트릭(General Electric Company, GE)은 2013년부터 본격적으로 실적이 감소하였지만, 배당금은 2016년까지 꾸준히 늘렸습니다. 이에 따라 배당성향은 2011년 49.2%에서 2016년 122.4%로 크게 올랐습니다. 그러나 2017년 배당컷이 발생했고, 이후로도 배당금은 계속해서 줄어들었습니다. 이에 따라 2016년 한때 30달러를 넘어서던 주가도 2018년 10달러 수준으로 추락했습니다.

 알아두세요

배당컷
배당금이 감소하거나 중단되는 것을 말한다.

|제너럴일렉트릭 실적 추이|

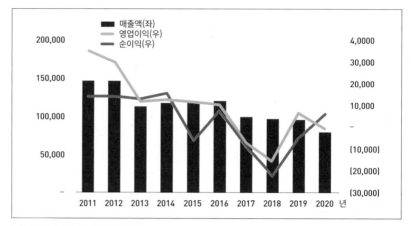

* 출처: 제너럴일렉트릭, 단위: 백만 달러

|제너럴일렉트릭 주당배당금, 배당수익률 추이|

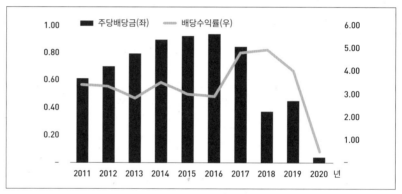

* 출처: 제너럴일렉트릭, 단위: 달러, %

|제너럴일렉트릭 배당성향 추이|

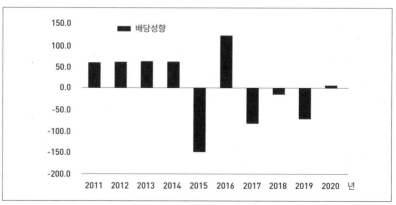

* 출처: 제너럴일렉트릭, 단위: %

|제너럴일렉트릭 주가|

* 출처: 키움증권 HTS

배당성장주에 주목하라

한국 배당주의 경우 배당금이 일정한 기업, 배당성향이 일정한 기업, 배당금을 늘리는 기업 등으로 구분하였습니다. 그러나 미국 배당주는 배당금을 늘리는 기업과 그렇지 않은 기업으로 구분할 수 있습니다. 투자자가 주목해야 할 기업은 배당금을 늘리는 '배당성장주'입니다. 5년간 매년 배당금을 늘리는 기업이 700곳이 넘기 때문에 배당성장주만으로 투자풀이 충분합니다. 기왕이면 배당성장주 중 매 분기 배당을 지급하는 업체가 좋습니다. 배당지급주기가 짧다면 배당금 재투자로 수익률을 극대화시킬 수 있기 때문입니다.

이 밖에 미국 배당주를 고르는 기준은 한국 배당주와 유사합니다. 미국 배당주 역시 실적 안전성이 높아야 하며, 재투자 필요성이 적어야 합니다. 꾸준한 배당정책도 중요합니다. 다만 한국 주식의 경우 최대주주 보유 지분이 많으면 배당에 우호적일 가능성이 높지만, 미국 주식에는 딱

히 해당 사항이 없습니다. 미국은 최대주주의 주식 보유 수량과 상관없이 주주환원에 적극적인 기업 문화가 자리하고 있기 때문입니다. 배당수익률 역시 시중금리보다 높으면 좋지만, 배당성장주에 투자한다면 그보단 배당금을 얼마나 성장시켰는지, 배당금을 얼마나 오랫동안 늘렸는지가 더 중요합니다.

| 한국 배당주와 미국 배당주 고르는 기준 |

구분		한국	미국
배당원천	실적 안전성 높음	5년간 꾸준한 실적	
		5년간 연평균 매출액 성장률이 GDP 상승률 이상	
	재투자 필요성 적음	5년 잉여현금흐름(FCF) 대체로 플러스	
배당정책	배당 매력	배당수익률 시중금리 상회	배당성장주의 경우 배당수익률보단 배당 증가 햇수, 배당성장률이 더 중요
	주주환원에 우호적	5년 이상 꾸준한 배당정책	
		최대주주 지분율 높음	최대주주 지분율과 관련성 적음

종목 발굴 시간을 줄여줄 배당성장주 6가지

알아두세요

미국의 상장기업수

2021년 2월 기준 상장되어 있는 미국 주식(우선주 제외)의 수는 5,590개이며 이는 ETF/ETN, ADR(미국예탁증권) 등을 제외한 개수이다.

미국은 상장기업수만 5,600개에 달합니다. 이 가운데 배당을 지급하는 업체는 2,000개에 육박합니다. 가뜩이나 언어의 장벽 때문에 접근하기가 어려운데, 살펴볼 기업이 너무나 많은 것입니다. 이런 고민은 미국 투자자도 마찬가지입니다. 따라서 미국 지수산출기관 및 배당 정보 전문 사이트에선 수많은 배당주 중 투자자가 꼭 주목해야 할 배당주에 별칭을 붙여 따로 분류하고 있습니다. 배당도전자(Dividend Challengers), 배당경쟁자(Dividend Contenders), 배당챔피언(Dividend Champions), 배당성취자(Dividend Achievers), 배당귀족(Dividend Aristocrats), 배당킹

(Dividend Kings)이 그것입니다.

해당 별칭을 구분하는 가장 큰 기준은 배당 증가 햇수입니다. 즉 배당성장주로서 얼마나 오랫동안 배당금을 증가시켰는지 여부입니다. 경제 상황, 산업의 변화, 경기 사이클에 상관없이 장기간 배당금을 늘렸다면 우량 배당주로 어느 정도 검증됐다고 볼 수 있습니다.

먼저 배당도전자는 최소 5년에서 9년간 매년 배당금을 늘린 기업으로 308개(2021년 2월 기준)에 달합니다. 배당도전자를 넘어 최소 10년에서 24년간 배당금을 늘렸다면 배당경쟁자로 등극하게 됩니다. 배당경쟁자 타이틀을 거머쥔 기업은 279개입니다.

배당경쟁자를 넘어선다면 '배당챔피언' 자리에 오를 수 있습니다. 챔피언이란 단어에서 짐작되듯이 배당챔피언은 무려 25년 이상 배당금을 증가시킨 기업들을 말합니다.

이외에도 '배당블루칩'으로 불리는 기업이 있습니다. 배당성취자, 배당귀족, 배당킹이 여기에 해당합니다. 배당성취자는 NASDAQ US Broad Dividend Achievers Index를 구성하는 주식입니다. 일일 평균 거래량이 100만 달러 이상이며, 10년 이상 배당금을 늘린 종목들인 배당성취자는 254개가 존재합니다.

배당귀족은 S&P 500 Dividend Aristocrats Index를 구성하는 종목입니다. 배당귀족은 25년간 배당금을 늘린 종목 중에서 S&P 500 지수에 편입되어 있으며, 시가총액 30억 달러 이상, 일일 평균 거래량 500만 달러 이상이란 조건을 충족해야 합니다. 총 65개 종목으로 6가지 분류 중에서 가장 까다로운 조건을 만족시켜야 하는 셈입니다.

마지막으로 배당킹이 존재합니다. 배당킹은 31개 종목으로 무려 50년 이상 배당금을 증가시킨 기업들입니다. 다만 배당귀족처럼 특정 지수 편입 여부나 시가총액, 거래량 등의 기준은 적용되지 않습니다.

별칭(대)	별칭	정의	종목수
배당블루칩	배당킹(Dividend Kings)	50년 이상 배당금 증가	31
	배당귀족(Dividend Aristocrats) *S&P 500 Dividend Aristocrats Index를 구성	• 25년 이상 배당금 증가 • S&P 500 지수 편입 • 시가총액 30억 달러 이상 • 거래량 500만 달러 이상	65
	배당성취자(Dividend Achievers) *NASDAQ US Broad Dividend Achievers Index를 구성	• 10년 이상 배당금 증가 • 거래량 100만 달러 이상	254
배당챔피언(Dividend Champions)		25년 이상 배당금 증가	142
배당경쟁자(Dividend Contenders)		10~24년 연속 배당금 증가	279
배당도전자(Dividend Challengers)		5~9년 연속 배당금 증가	308

* 종목수는 2021년 2월 Suredividend 집계 기준
* 출처: Suredividend, NASDAQ

슈어디비던드닷컴(suredividend.com)에서 6가지 별칭으로 구분한 배당성장주 리스트를 확인할 수 있습니다. 각각의 별칭에 해당하는 카테고리로 접근한 후 'Click here to download 별칭명 Spreadsheet List now.'를 클릭하고 이메일 주소를 입력하면, 입력한 메일로 해당 종목 리스트가 담긴 엑셀 파일을 전송해줍니다.

가령 배당귀족 리스트를 받아보고 싶다면, 사이트에 접속해서 [The Sure Dividend Investing Method] – [The Sure Analysis Research Database] – [The Dividend Aristocrats] 경로로 접근한 후 [Click here to download your Dividend Aristocrats Excel Spreadsheet List now]을 클릭하고 이메일 주소를 입력하면 됩니다. 회원가입이나 로그인은 하지 않아도 됩니다.

Sure Dividend

HIGH-QUALITY DIVIDEND STOCKS, LONG-TERM PLAN

The Sure Dividend Investing Method

Member's Area

The 2021 Dividend Aristocrats List | See All 65 Now

Updated on February 2nd, 2021 by Bob Ciura
Spreadsheet data updated daily

The Dividend Aristocrats are a select group of 65 S&P 500 stocks with 25+ years of consecutive dividend increases.

They are the 'best of the best' dividend growth stocks. The Dividend Aristocrats have a long history of outperforming the market.

The requirements to be a Dividend Aristocrat are:

- Be in the S&P 500
- Have 25+ consecutive years of dividend increases
- Meet certain minimum size & liquidity requirements

There are currently 65 Dividend Aristocrats. You can download an Excel spreadsheet of all 65 (with metrics that matter such as dividend yields and price-to-earnings ratios) by clicking the link below:

Click here to download your Dividend Aristocrats Excel Spreadsheet List now.

• 출처: suredividend.com

배당주 투자수익률
극대화하기

역사적 배당수익률을 통한 매매전략

역사적 배당수익률을 활용해 쌀 때 매수하거나, 비쌀 때 매도하는 전략을 취할 수도 있습니다.

건축자재, 인테리어 도구를 판매하는 홈디포(Home Depot Inc, HD)는 2009년부터 2020년까지 12년간 배당금을 성장시킨 종목입니다. 코로나19 충격으로 홈디포의 주가는 240달러 선에서 지난 2020년 3월 140달러 선까지 추락합니다. 이에 따라 배당수익률도 4%대까지 치솟았습니다. 최근 5년간 홈디포의 배당수익률을 살펴보면 일반적으로 낮을 땐 2%, 높을 땐 3%까지 올랐습니다. 그런데 팬데믹으로 인해 배당수익률이 4%대까지 치솟은 것입니다. 투자자 입장에서는 배당수익률 2~3%짜리 주식을 4%대에 살 수 있는 기회가 마련된 것입니다. 홈디포는 코로나19에도 불구하고 2020년 배당금을 성장시켰으며, 주가 역시 빠르게 회복했습니다. 한때 배당수익률이 4%까지 올라갔으나 이내 2%대로 낮아졌지요. 코로나19와 같은 돌발 상황은 우량한 배당주를 좋은 조건에 살 수 있는 기회를 줍니다.

| 홈디포 주가 추이 |

* 출처: 키움증권 HTS

| 홈디포 5년 배당수익률 추이 |

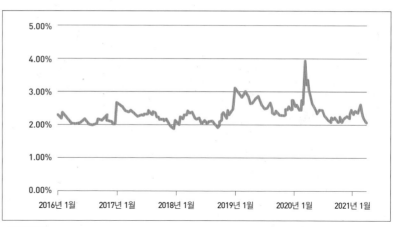

* 출처: 홈디포

자가면역질환 치료제를 만드는 애브비는 2013년 미국 제약회사 애보트에서 분사한 기업입니다. 애브비는 분사한 해부터 배당금을 성장시켰으며, 애보트에 포함되어 있던 시기까지 감안한다면 무려 48년 동안 배당금을 성장시킨 이력을 갖고 있습니다. 2017년 초 60달러 선이었던 애브비 주가는 2018년 1월 약 120달러를 넘어섭니다. 주가가 약 1년 만에 2배가량 오른 것입니다. 이에 따라 4% 내외에서 형성되었던 배당수익률이 2%대까지 낮아졌습니다. 당시 애브비는 주력 제품인 휴미라와 임브루비카 매출 성장으로 주가가 크게 부각됐습니다. 다만 배당투자 관점에선 예전에 비해 매력이 떨어진 것은 사실입니다.

애브비의 배당을 보고 접근했던 투자자라면 매도를 고려할 수 있는 타이밍입니다. 이후 애브비의 주가는 크게 조정을 받았고, 배당수익률은 2019년 6%대를 넘어서게 됩니다. 주가가 하락과 배당금 성장이 맞물린 결과입니다. 배당 투자자에겐 다시 투자할 수 있는 기회가 찾아온 셈입니다.

| 애브비 주가 추이 |

* 출처: 키움증권 HTS

배당성장주의 역사적 배당수익률 추이를 보고 저평가, 고평가 여부를 판단할 때 중요한 것은 해당 기업의 배당성장이 앞으로도 지속될 수 있는지 여부입니다. 만약 코로나19와 같은 충격으로 특정 기업의 주가가 급락해 배당수익률이 높아졌다고 가정해봅시다. 그런데 이 기업의 실적까지 감소하여 향후 배당컷이 발생한다면 배당수익률이 다시 하락하게 됩니다. 따라서 단순히 주가가 하락했다고 덥석 사버리는 실수를 범해

| 애브비 5년 배당수익률 추이 |

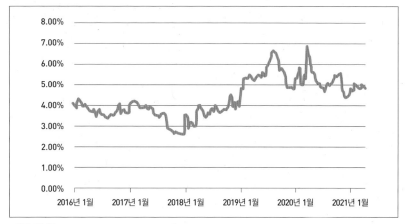

* 출처: 애브비

선 안 됩니다. 해당 기업의 실적 성장과 배당금 증가가 앞으로도 지속될 수 있는지 분석하는 것이 가장 중요합니다.

한편 각 종목당 최근 5년간 배당수익률 추이는 미국 주식투자전문사이트 시킹알파(seekingalpha.com)에서 조회가 가능합니다. 해당 사이트에서 종목을 검색하면 해당 종목명, 주가가 나오며, 하단에는 두 개의 탭이 존재합니다. 첫 번째 탭은 [Summary], [Rating], [Financials], [Earnings], [Momentum], [Dividends] 항목 등으로 구성되어 있는데, 여섯 번째 항목인 [Dividends]를 클릭합니다. 그러고 나면 두 번째 탭의 구성이 [Dividend Scorecard]부터 [Dividend Estimates]까지 6개의 항목으로 바뀝니다. 두 번째 항목인 [Dividend Yield]로 접근한 후 스크롤을 내리면 해당 종목의 배당수익률을 1개월, 6개월, 1년, 5년, 10년 단위로 확인할 수 있습니다. 단 10년 배당수익률은 유료 서비스로 제공됩니다.

배당금 재투자에 따른 수익률 극대화

배당주 장기투자의 백미는 복리 효과입니다. 구체적으로 배당금을 재투자하여 얻을 수 있는 복리 수익률 말입니다. 배당주 투자의 복리 효과는 매년 배당금을 성장시키는 종목 중에서 배당수익률이 높고, 배당지급주기가 짧은 기업을 장기투자할수록 극대화됩니다.

리테일 리츠 리얼티인컴은 월 배당을 지급하는 리츠입니다. 1994년부터 2020년까지 26년 연속 배당금을 인상시킨 종목이기도 합니다.

| 리얼티인컴의 배당금 인상 현황 |

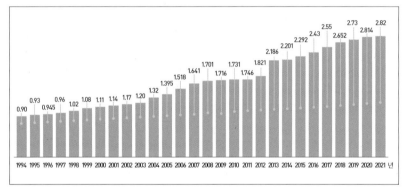

* 출처: 리얼티인컴, 단위: 달러

일반적으로 리츠의 기대수익률은 주식보다 낮습니다. 리츠는 부동산 투자회사인데 장기적으로 부동산 투자수익률이 주식보다 낮기 때문입니다. 실제 리얼티인컴이 상장되어 거래되기 시작한 1994년 11월부터 2020년까지 리얼티인컴과 S&P 500, 나스닥의 연평균 주가상승률을 비교해 보면 리얼티인컴이 8.2%로 가장 낮습니다.

그러나 배당수익률을 고려한 총 수익률은 리얼티인컴이 가장 높습니다. 리얼티인컴의 상장일부터 2020년까지 배당수익률을 고려한 연평균 수익률은 15.3%로 S&P 500(10.4%), 나스닥(11.4%)보다 높습니다. 만약 1994년 리얼티인컴에 100달러를 투자했다면 2020년 투자금이 3,331달러로 늘어났을 것입니다. 이는 주요 주가지수와 비교해 2배 이상의 성과입니다.

|100달러 투자 가정 시 주요 주가지수와 비교한 리얼티인컴의 성과|

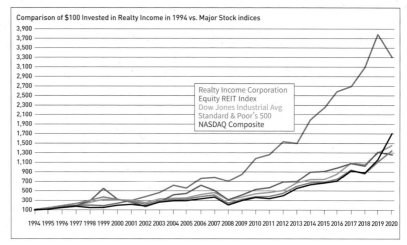

Comparison of $100 Invested in Realty Income in 1994 vs. Major Stock indices

Realty Income Corporation
Equity REIT Index
Dow Jones Industrial Avg
Standard & Poor's 500
NASDAQ Composite

* 출처: 리얼티인컴, 기간: 1994~2020년

주기적으로 지급되는 배당금을 생활비로 사용하는 것도 좋지만, 재투자
한다면 향후 복리 효과를 극대화할 수 있습니다.

급락장 오면 수익률 1등할 주식, 고정배당우선주

하락장에 강한 고정배당우선주

알아두세요

인버스 ETF
기초자산 가격이 하락하면 수익
이 나는 ETF

알아두세요

콜옵션
특정 자산을 매수할 수 있는 권리

급락장이 온다면 가장 양호한 수익을 낼 주식은 무엇일까요? 인버스 ETF를 제외하고는 미국의 고정배당우선주를 들 수 있습니다. 고정배당우선주란 고정배당을 지급하는 미국 우선주를 일컫는 말입니다. 미국 우선주 대부분은 고정배당을 지급합니다. 또한 일정 시점이 도래하면 발행회사가 우선주를 발행가격으로 다시 사올 수 있는 콜옵션(Call Option)을 행사할 수 있습니다. 배당수익률도 발행가격의 5~10%에 달합니다. 배당수익률이 높은 데다 발행 당시 가격으로 되살 수 있는 주식이기 때문에 고정배당우선주는 흡사 채권과 같이 안정적인 투자대상으로 간주됩니다.

코로나19 팬데믹으로 2020년 3월 글로벌 주식시장은 급락했습니다. 코로나19 위기 절정 당시 S&P 500 지수는 2월 고점 대비 33% 하락했습니다. 같은 기간 제이피모건의 우선주(JPM.PC)는 14.5% 하락하는 데 그쳤습니다. 만약 국내 투자자가 JPM.PC에 투자했다면 원/달러 환율 상승 효과까지 더해져 -7.3% 수익률을 기록했을 것입니다. 이후 시장은 빠르게 반등했고 6월 초 JPM.PC는 코로나19 이전 수준을 완벽히 회복했습니다. 같은 기간 S&P 500 지수는 코로나19 이전보다 여전히 9.5% 낮은 상태였습니다.

이렇듯 고정배당우선주는 하락장에서 강한 면모를 보입니다. 또한 시장이 조금만 회복해도 빠르게 본래 가격으로 회귀하는 특징을 갖고 있습니다. 주식시장 급락 등 시장이 혼란스러울 때 고정배당우선주를 보유하고 있다면 내 자산을 안전하게 지킬 수 있습니다.

| 코로나19 당시 S&P 500 지수와 JPM.PC 주가 비교 |

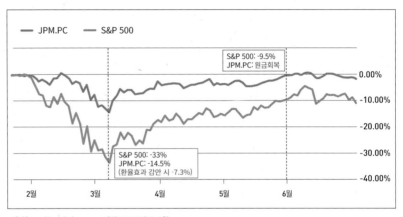

* 출처: seekingalpha.com, 기간: 2020년 2~6월

한국 우선주 vs 미국 우선주

한국 우선주와 미국 우선주는 대표적으로 3가지 부분에서 차이가 있습니다. 먼저 발행가격입니다. 한국 우선주의 발행가격, 즉 액면가는 천차만별입니다. 그러나 미국 우선주는 대부분 발행가격이 25달러입니다. 미국 우선주는 고정배당이라는 말처럼 발행 당시 대부분 배당금이 정해져 있는 것도 특징입니다. 반면 한국 우선주는 기업 상황에 따라 배당금을 늘리기도, 줄이기도 합니다. 가장 큰 차이점은 콜옵션 여부입니다. 미국 우선주 대부분은 발행 후 일정 기간이 지나면 발행회사가 우선주를 발행가격으로 다시 사올 수 있는 콜옵션이 있습니다.

미국 고정배당우선주는 발행 당시 약정된 배당금을 지급하고, 발행가격

알아두세요

발행가격

미국 주식 대부분은 액면가가 표시되어 있지 않은 무액면 주식이다. 한국도 2011년 액면가 개념을 없애고 지분율만 표시하는 무액면 제도가 도입되었지만, 상장사 중 무액면 주식을 갖고 있는 기업은 없다.

으로 되사는 옵션이 있는 만큼 채권과 유사합니다. 다만 회사의 사정에 따라 배당금을 지급하지 않을 수 있고, 이 경우 배당금이 이월되지 않는 비누적적 우선주라면 배당 공백이 발생하게 됩니다. 또한 콜옵션은 발행회사가 행사하는 것으로 우선주 투자자가 주장할 수 없는 부분입니다. 때문에 고정배당우선주는 보통주보다는 안전하지만 채권보다는 위험한 자산으로 볼 수 있습니다. 고정배당우선주는 주식보다는 안전하고, 채권보다는 기대수익률을 높이고 싶은 투자자에게 적합합니다.

미국 우선주 사용설명서

다음의 표는 미국 우선주의 정보 사이트인 프리퍼드스톡채널닷컴 (preferredstockchannel.com)에서 검색한 다국적 금융 서비스 기업 웰스파고의 우선주에 대한 정보입니다. 'Series'는 우선주 시리즈명입니다. 미국 우선주는 발행 순서에 따라 '시리즈-알파벳'으로 명명합니다. '시리즈-W' 다음에 '시리즈-X' 우선주가 나오는 것처럼 말입니다.

'Alternate Symbology'는 우리나라로 치면 종목 코드이며 미국에서는 티커(Ticker)라고 부릅니다. 그런데 티커명이 WFC-X, WFC-PX, WFCprX 등 다양합니다. 이는 각 사이트마다 우선주를 지칭하는 티커가 다르기 때문입니다.

'Call Date'는 매입권리 발생 기준일로 2021년 9월 15일부터 웰스파고가 콜옵션을 행사할 수 있다는 의미입니다. 발행회사는 Call Date 이후에는 언제든지 콜옵션을 행사할 수 있고, 행사 전 30~60일 전에 주주들에게 행사 사실을 알려야 합니다. 'Perpetual'은 만기가 존재하는 우선주인지, 영구적인 우선주인지를 나타냅니다. 'Yes'라고 표시된 것은 영구적이라는 뜻입니다. 'Cumulative'는 누적적 우선주 여부입니다.

'Liquidation Preference'는 청산우선권으로 회사의 잔여재산에 대해 우선적으로 분배받을 수 있는 권리를 말합니다. Liquidation Preference가 25달러란 것은 1주당 그만큼의 잔여재산을 분배받을 수 있다는 의미입니다. 여기에서는 청산우선권보다는 발행회사가 콜옵션을 행사하여 우선주를 매입하는 가격으로 해석하는 편이 이해하기 쉽습니다.

'Premium to Liquidation Preference'는 매입가격에 붙은 현재 프리미엄으로, 최근 주가가 25.22달러이니 Liquidation Preference보다 0.22달러만큼 프리미엄이 붙어 있다고 볼 수 있겠죠? 'Current Yield'는 현재 주가 기준 배당수익률을, 'Original Coupon'은 발행가격(25달러) 기준 배당수익률을 의미합니다. 'Pay Period'는 배당금 지급주기로 분기마다 지급한다고 명시되어 있습니다. 'Pay Dates', 즉 지급일은 3월 15일, 6월 15일, 9월 15일, 12월 15일입니다.

| 웰스파고 시리즈X 우선주 |

WFC.PRX — KEY STATS	
Series(우선주 시리즈명)	X
Alternate Symbology(종목 코드)	WFC-X, WFC-PX, WFCprX
Redeemable(매입권리 존재 여부)	Yes
Call Date(매입권리 발생 기준일)	9/15/2021
Perpetual(영구적 우선주 여부)	Yes
Cumulative(누적적 우선주 여부)	No
Shares Offered(발행주식수)	40,000,000
Overallotment(초과배정 가능주식수)	6,000,000
Liquidation Preference(매입가격)	$25
Recent Market Price(최근 주가)	$25.22
Premium to Liquidation Preference(프리미엄)	$0.22(0.88%)
Annualized Dividend(연간 주당배당금)	1.375
Recent Ex-Date(최근 배당락)	2/25/2021
Current Yield(현재 배당수익률)	5.45%
Original Coupon(발행가격 기준 배당수익률)	5.50%
Pay Period(배당지급주기)	Quarterly
Pay Dates(배당지급일)	15-Mar, 15-Jun, 15-Sep, 15-Dec

• 출처: preferredstockchannel.com

• 출처: 키움증권 HTS

미국 우선주 투자 시 유의할 점 2가지

콜옵션 매입가격이 정해져 있는 미국 우선주는 정상적인 상황이라
면 현재 주가가 매입가격에서 크게 벗어나지 않습니다. 그런데 간
혹 매입가격보다 현저히 낮게 거래되는 경우가 있는데요. 예로 소털
리호텔(Sotherly Hotels)에서 발행한 우선주인 Sotherly Hotels Inc
Pref(SOHOO)를 살펴보겠습니다. 주가가 18.52달러(2021년 3월 2일 기준)
로 매입가격인 25달러보다 26% 낮습니다. 배당수익률도 10.63%에 달
합니다. 가격과 배당수익률만 보면 매력적인 투자대상입니다.

| 소덜리호텔 우선주 주가 추이 |

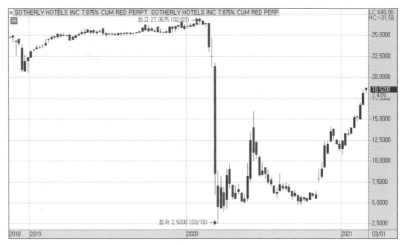

* 출처: 키움증권 HTS

| 소덜리호텔 우선주에 대한 정보 |

종목명	티커	현재 주가	발행가격 기준 배당 수익률	현재 배당 수익률	분기 주당 배당금	매입권리 발생 기준일	누적적 여부	배당 지급일
Sotherly Hotels Inc Pref	SOHOO	$18.52	7.88%	10.63%	$0.492	10/15/2022	Y	15th 1, 4, 7, 10

* 주가, 현재 배당수익률은 2021년 3월 2일 기준
* 출처: dividendinvestor.com

| 소덜리호텔의 배당금 지급 이력 |

년도	배당지불일	배당선언일	배당락일	주당배당금
2020	2020-01-15	2019-10-29	2019-12-30	$0.492
2019	2019-10-15	2019-07-30	2019-09-30	$0.492
	2019-07-15	2019-04-29	2019-06-28	$0.492
	2019-04-15	2019-01-29	2019-03-29	$0.492
	2019-01-15	2018-10-30	2018-12-28	$0.492

* 출처: dividend.com

폭락장이 아닌 정상적인 시장에서 싸게 거래되는 주식에는 대부분 이유가 있습니다. 소덜리호텔 우선주의 배당지급 이력을 보면 2020년 1월을 마지막으로 배당에 관한 정보가 없습니다. 코로나19로 호텔 영업환경이

악화되자 배당금 지급을 중단한 것입니다. 배당금이 없는 우선주는 투자 매력이 없습니다. 따라서 주가가 매입가격보다 낮게 거래되는 것입니다. 콜옵션은 어디까지 옵션일 뿐입니다. 강제사항이 아니기 때문에 18달러에서 거래되는 주식을 회사가 25달러에 매수할 가능성은 거의 없습니다. 소덜리호텔 우선주 주가가 매입가격 근처로 회복되기 위해선 호텔 업황이 개선되어야 하며, 이에 따라 배당금 지급이 재개되어야 할 것입니다.

아래는 글로벌 투자은행인 JP모건에서 발행한 우선주 JPMorgan Chase & Co Ph ADR(JPM-H)과 JPMorgan Chase & Co Pref Series EE(JPM-C)에 관한 정보입니다. 2021년 3월 2일 기준으로 JPM-H의 주가는 25.46달러이며 JPM-C보다 2달러가량 낮습니다. 배당수익률은 JPM-H가 6.04%로 5.49%인 JPM-C보다 높습니다. 둘 다 누적적 배당주가 아니기 때문에 배당에 관한 사항만 보면 JPM-H가 더 매력적으로 보입니다.

| JP모건 시리즈H 우선주 주가 추이 |

• 출처: 키움증권 HTS

| JP모건 시리즈C 우선주 주가 추이 |

* 출처: 키움증권 HTS

| JP모건 우선주에 대한 정보 |

종목명	티커	현재 주가	발행가격 기준 배당 수익률	현재 배당 수익률	분기 주당 배당금	매입권리 발생 기준일	누적적 여부	배당 지급일
JPMorgan Chase & Co Ph ADR	JPM-H	$25.46	6.15%	6.04%	$0.384	9/1/2020	N	1st 3, 6, 9, 12
JPMorgan Chase & Co Pref Series EE	JPM-C	$27.30	6.00%	5.49%	$0.375	3/1/2024	N	1st 3, 6, 9, 12

* 주가, 현재 배당수익률은 2021년 3월 2일 기준
* 출처: dividendinvestor.com

그런데 이는 매입권리 행사 기준일을 고려하지 않는 결과입니다. JPM-H의 매입권리 행사 기준일은 2020년 9월 1일입니다. 이미 행사 기준일을 넘긴 상황입니다. 따라서 JP모건은 언제든지 콜옵션을 행사할 수 있습니다. JP모건이 콜옵션을 행사한다면 투자자 25.46달러짜리 주식을 25달러에 팔아야 합니다. 배당금 지급도 종료됩니다. 반면 JPM-C의 매입권리 행사 기준일은 2024년 3월 1일로 아직 3년이라는 시간이

남았습니다. 3년 동안 연 5.49%의 배당수익을 올릴 수 있는 주식입니다. 이처럼 콜옵션이 있는 미국 우선주는 시간가치를 꼭 고려해 투자해야 합니다. 매입권리 행사 기준일에 가까워지면 질수록 시간가치가 하락해 주가가 낮아질 수 있습니다.

내가 찾는 우선주가 검색이 안 된다면?

프리퍼드스톡채널닷컴에서 웰스파고 우선주 X를 검색했더니 Alternate Symbology, WFC-X, WFC-PX, WFCprX 등 다양했습니다. 이는 주식 정보 사이트마다 우선주를 표기하는 티커가 다르기 때문입니다. 시킹알파닷컴(seekingalpha.com)에서는 'WFC.PX'로 표기됩니다.

| 시킹알파닷컴에서 WFC 조회 화면 |

반면 인베스팅닷컴(kr.investing.com)에서는 'WFC_px'로 표시되고 있습니다.

| 인베스팅닷컴에서 WFC 조회 화면 |

야후파이낸스(finance.yahoo.com)는 'WFC-PX'로 보여주고 있습니다.

| 야후파이낸스에서 WFC-P 조회 화면 |

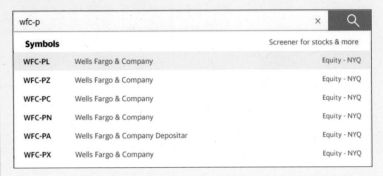

사이트마다 우선주를 표기하는 방법이 다른 만큼, 내가 찾는 우선주가 검색이 안 된다면 다양한 티커를 입력해봐야 합니다.

입맛대로 투자하는 미국 리츠

한국 시가총액과 맞먹는 미국 리츠 시장

미국 리츠 시장은 우리나라와 비교할 수 없을 만큼 큽니다. 미국 주식시장에는 총 223개(finviz.com에서 2021년 1월 기준 집계)의 리츠가 상장되어 있으며, 시가총액만 1.2조 달러가 넘습니다. 미국리츠협회(NAREIT)는 투자하는 형태에 따라 자산(Equity) 리츠와 모기지(Mortgage) 리츠로 나눕니다. 자산 리츠는 직접 부동산을 사들여 운용하는 리츠이며, 모기지 리츠는 부동산이 아닌 모기지채권에 투자하는 리츠입니다.

자산 리츠는 산업시설(Industrial), 오피스(Office), 리테일(Retail), 주거시설(Residential), 다각화시설(Diversified), 숙박/리조트(Lodging/Resorts), 헬스케어(Health Care), 셀프스토리지(Self storage), 팀버(Timber), 데이터센터(Data Centers), 인프라(Infrastructure), 전문시설(Specialty) 총 12개의 섹터로 구분됩니다.

시장규모가 가장 큰 리츠는 인프라 리츠입니다. 리츠의 수는 5개에 불과하지만 전체 시가총액의 17.3%를 차지하고 있습니다. 다음으로는 주거시설(14.3%) 산업시설(11.3%), 리테일(10.9%), 데이터센터(10.7%) 순으로 규모가 큽니다.

알아두세요 ──

모기지채권

은행은 부동산담보대출을 시행하고 나중에 돈을 돌려받을 권리인 대출채권을 갖게 되는데, 이 대출채권을 담보로 발행하는 채권. 모기지채권을 발행하는 이유는 대출 기간이 길어짐에 따라 유동성 제약을 완화하기 위한 것이다.

분야	투자 부동산 유형	리츠 수	시가총액 비중
인프라	광섬유 케이블, 무선인프라, 통신 타워, 에너지 파이프라인	5	17.3%
주거시설	아파트, 단독주택 등 다양한 형태 주거시설	21	14.3%
산업시설	물류센터	13	11.3%
리테일	쇼핑몰, 백화점, 아울렛, 식료품점	32	10.9%
데이터센터	데이터센터 및 무정전 전원 공급장치, 공냉식 냉각기 및 물리적 보안 시설	5	10.7%
헬스케어	요양원, 병원, 의료 사무실	17	9.1%
오피스	고층 빌딩, 사무실 공원	19	6.9%
셀프스토리지	개인 또는 기업용 창고	5	5.9%
전문시설	영화관, 카지노, 농지 및 옥외광고 시설	11	4.4%
다각화시설	여러 가지 부동산 분야에 투자	15	3.9%
숙박/리조트	호텔, 리조트	13	2.7%
팀버	대규모 임야지를 갖고 있어 나무를 길러 목재를 판매하거나 부지를 임대	4	2.7%

* 2021년 1월 29일 기준
* 출처: NAREIT

자산 리츠 12가지 섹터 및 주요 종목

① 인프라

인프라 리츠는 기지국이나 광섬유 케이블 등 통신시설이나 에너지 파이프라인 등 대규모 인프라 시설을 소유해 임대하는 리츠입니다. 아메리칸타워(American Tower Corp, AMT)는 인프라 리츠 중 통신시설을 가장 많이 보유한 곳으로 시가총액은 1,000억 달러가 넘습니다. 아메리칸 타워는 전 세계 21개국에 18만 개 이상의 통신시설을 보유하고 있습니다. 주로 기지국과 무선통신장비 등을 통신사에 임대하는데, 주요 고객사는 AT&T, 버라이즌 등 글로벌 통신사입니다. 크라운캐슬인터내셔널(Crown Castle International Corp, CCI)은 미국에서만 통신 인프라 사업을 영위하고 있습니다. 미국 전역에 7만 대 이상의 소형 기지국, 8만 루트마일 규모의 광케이블을 임대합니다. SBA커뮤니케이션즈(SBA Communications Corporation, SBAC)는 미국 및 아프리카 지역에서 무선 통신 인프라를 제공합니다.

대부분의 인프라 리츠 주가는 최근 5년간 100% 넘게 상승했습니다. 데이터 사용량이 꾸준히 늘면서 이를 감당하기 위한 인프라 투자가 진행되었기 때문입니다. 4차산업혁명 시대 사물인터넷, 인공지능 등의 서비스 확대로 데이터트래픽은 더욱 증가할 것으로 기대됩니다.

알아두세요

루트마일
통신 네트워크의 길이

|인프라 리츠 대표 종목|

티커	리츠명	사업모델	시가총액	배당 수익률	주가상승률		
					1년	3년	5년
AMT	American Tower Corporation	21개국에 무선 통신, 방송 타워를 운영	$100.84	2.14%	-8.6%	63.0%	161.4%
CCI	Crown Castle International Corporation	미국 전역에서 7만 대 이상의 소형 기지국 운영	$70.44	3.21%	-0.7%	51.1%	93.0%
SBAC	SBA Communications Corporation	미주 지역 및 아프리카 지역에서 각종 무선 통신 인프라 제공	$29.21	0.71%	-10.4%	55.4%	193.2%

* 시가총액, 주가상승률은 2021년 2월 18일 주가 기준
* 출처: Finviz, 각 리츠사 홈페이지, 단위: 십억 달러

| 아메리칸타워 주가 추이 |

* 출처: 키움증권 HTS

② 주거시설

주거시설 리츠는 대도시나 인구 밀집도가 높은 지역에서 아파트나 다세대 주택 등을 관리, 임대합니다. 에퀴티 레지덴셜(Equity Residential, EQR)은 보스턴, 뉴욕, 워싱턴 D.C., 시애틀 등 다양한 도시에서 다세대 주택 임대 서비스를 제공하고 있습니다. 아발론베이커뮤니티(AvalonBay Communities Inc, AVB)는 이름처럼 'Avalon', 'AVA', 'by Avalon'이라는 아파트 브랜드를 보유하고 있습니다. EQR과 AVB는 둘 다 시가총액이 240~250억 달러대로 비슷한 덩치를 갖고 있습니다. 에섹스프로퍼티트러스트(Essex Property Trust Inc, ESS)는 캘리포니아, 워싱턴 지역에서 다양한 아파트를 소유하고 있는 리츠입니다.

티커	리츠명	사업모델	시가 총액	배당 수익률	주가상승률		
					1년	3년	5년
EQR	Equity Residential	뉴욕 등 미국 5여 개 주에서 임대 아파트를 운영하는 리츠	$25.03	3.60%	-22.5%	14.7%	6.7%
AVB	AvalonBay Communities, Inc	미국의 다세대 주택을 개발하는 리츠	$24.77	3.57%	-21.6%	9.3%	4.5%
ESS	Essex Property Trust, Inc	캘리포니아, 워싱턴 지역에서 다양한 아파트 소유	$17.35	3.15%	-19.1%	15.3%	27.8%

- 시가총액, 주가상승률은 2021년 2월 18일 주가 기준
- 출처: Finviz, 각 리츠사 홈페이지, 단위: 십억 달러

| 에퀴티 레지덴셜 |

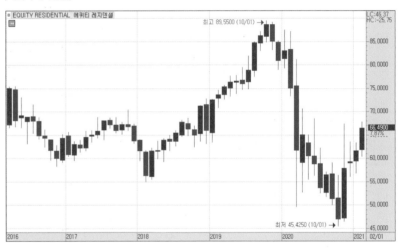

- 출처: 키움증권 HTS

③ 산업시설

산업시설은 대부분 물류센터를 임대하는 리츠로 프로로지스(Prologis Inc, PLD)가 가장 큰 시가총액을 형성하고 있습니다. 프로로지스는 샌프란시스코에 본사를 둔 미국 최대 물류센터 리츠로 미국, 유럽, 중국 등에 총 3,700개의 물류시설을 보유하고 있습니다. 최근엔 아시아 지역에서

도 사업을 확장하고 있으며, 고객사는 월마트(Walmart), 아마존(Amazon) 등 온오프라인 소매업체, BMW 등 제조업체, 페덱스(FedEx), 유피에스(UPS) 등 배송업체로 다양합니다.

프로로지스 외에도 미국 20개 주의 주요 물류창고와 유통시설 운영하는 듀크리얼티(Duke Realty Corporation, DRE), 미국, 캐나다 지역에서 239개의 신선식품 물류창고 보유하고 있는 아메리콜드리얼티트러스트(Americold Realty Trust, COLD) 리츠도 있습니다. 물류 리츠들의 5년 주가 상승률은 100% 이상으로 높은 편입니다. 최근 1년 상승률도 타 리츠 대비 양호합니다. 글로벌 전자상거래 시장이 활성화되면서 재고관리 및 효율적인 배송 시스템에 대한 투자로 물류센터 수요가 늘어난 까닭입니다.

| 산업시설 리츠 대표 종목 |

티커	리츠명	사업모델	시가 총액	배당 수익률	주가상승률		
					1년	3년	5년
PLD	Prologis Inc	미주, 유럽, 아시아 등 19개국에 물류센터 보유	$77.91	2.20%	6.4%	70.7%	183.4%
DRE	Duke Realty Corporation	미국 20개 주의 주요 물류창고와 유통시설 운영	$15.39	2.39%	6.0%	58.5%	108.0%
COLD	Americold Realty Trust	미국, 캐나다 지역에서 239개의 신선식품 물류창고 보유	$7.70	2.28%	-1.5%	96.7%	

* 시가총액, 주가상승률은 2021년 2월 18일 주가 기준
* 출처: Finviz, 각 리츠사 홈페이지, 단위: 십억 달러

| 프로로지스 주가 추이 |

* 출처: 키움증권 HTS

④ 리테일

리테일 리츠는 백화점, 할인점, 식료품점 등 각종 쇼핑몰을 운영하는 기업들에게 적절한 공간을 제공합니다. 리테일 리츠 중 시가총액이 가장 큰 곳은 리얼티인컴(Realty Income Corporation, O)으로 200억 달러가 넘습니다. 리얼티인컴은 미국 49개주, 포에트로리코, 영국에서 6,500개가 넘는 부동산 운영하는 리츠입니다. 임차인은 편의점, 달러 상점, 약국 등 다양합니다. 리얼티인컴은 월 배당을 지급하는 리츠로도 유명하며, 2020년까지 매년 배당금을 성장시켰습니다. 리젠시센터즈(Regency Centers Corporation, REG)와 킴코리얼티(Kimco Realty Corporation, KIM)는 미국 전역에 각각 400개가 넘는 쇼핑센터를 운영하고 있습니다.

 알아두세요

달러 상점

달러 상점은 '1달러짜리 물건을 파는 상점'이라는 의미이다. 달러 상점은 필수소비재를 저렴한 가격에 판매하고 있으며 주요 업체로는 달러제너럴, 달러트리 등이 있다.

| 리테일 리츠 대표 종목 |

티커	리츠명	사업모델	시가 총액	배당 수익률	주가상승률		
					1년	3년	5년
O	Realty Income Corporation	미국, 포에트로리코, 영국에서 6,500개 이상 부동산 운영	$22.98	4.60%	-25.4%	21.9%	1.2%

REG	Regency Centers Corporation	미국 전역에 414개 쇼핑센터 운영	$8.73	4.51%	-17.6%	-7.8%	-24.0%
KIM	Kimco Realty Corporation	미국 전역에 422개의 쇼핑센터 운영	$7.61	3.62%	-6.8%	17.6%	-33.6%

* 시가총액, 주가상승률은 2021년 2월 18일 주가 기준
* 출처: Finviz, 각 리츠사 홈페이지, 단위: 십억 달러

| 리얼티인컴 주가 |

* 출처: 키움증권 HTS

⑤ 데이터센터

데이터센터 리츠는 IT 기업들에게 데이터센터 및 관련 시설을 제공합니다. 이퀴닉스(Equinix Inc, EQIX)는 데이터센터 리츠 중 시가총액이 가장 큰 업체로 20여 개국에 약 200개의 데이터센터를 보유하고 있습니다. 주요 고객은 글로벌 IT기업으로 아마존의 AWS, 구글 클라우드, 마이크로소프트의 Azure, 줌(ZOOM), 오라클 등입니다. 이퀴닉스의 전체 영업이익에서 미국이 차지하는 비중은 40% 이상입니다. 디지털리얼티트러스트(Digital Realty Trust Inc, DLR) 역시 북미, 유럽, 아시아, 호주 등 20개국에 280개 이상의 데이터센터를 운영하고 있습니다. 디지털리얼티는

IBM, 페이스북, 링크드인 등에게 데이터센터를 제공합니다. 아이언마운틴(Iron Mountain Incorporated, IRM)도 전 세계 50여 개국에서 데이터센터 임대 사업을 영위하고 있습니다.

데이터센터 리츠 대부분은 최근 5년간 양호한 수익률을 기록했습니다. 스마트폰 보급이 확산되면서 SNS, 동영상 플랫폼 등 각종 모바일 서비스가 활성화되었고 이에 따라 글로벌 데이터트래픽이 늘어 데이터센터 수요가 증가한 것입니다. 코로나19로 인해 온라인 중심 사회가 한층 가속화된 것을 감안하면 데이터센터 리츠는 앞으로도 성장 가능성이 있습니다.

| 데이터센터 리츠 대표 종목 |

티커	리츠명	사업모델	시가 총액	배당 수익률	주가상승률		
					1년	3년	5년
EQIX	Equinix Inc	20개 국가에 200여 개 데이터센터 보유	$61.28	1.69%	4.9%	70.0%	129.0%
DLR	Digital Realty Trust Inc	북미, 유럽, 아시아, 호주 등 20개국에 280개 이상의 데이터센터 운영	$39.53	3.28%	0.1%	35.0%	69.4%
IRM	Iron Mountain Incorporated	50여 개국에서 데이터센터, 데이터스토리지 보유	$9.29	7.68%	-6.3%	-2.2%	12.1%

* 시가총액, 주가상승률은 2021년 2월 18일 주가 기준
* 출처: Finviz, 각 리츠사 홈페이지, 단위: 십억 달러

* 출처: 키움증권 HTS

⑥ 헬스케어

헬스케어 리츠는 은퇴자 주거 단지, 의료시설, 요양시설, 재활센터, 헬스
케어 관련 캠퍼스 및 연구시설을 임대, 투자하는 리츠입니다. 헬스케어
리츠로는 웰타워(Welltower Inc, WELL)가 대표적입니다. 웰타워는 미국,
캐나다, 영국에서 1600여 개의 부동산을 운영하고 있습니다. 30만 명이
넘는 사람들에게 퇴직자 주택, 의료시설, 재활센터 등을 제공하고 있지
요. 주 운영 수입의 50% 이상이 퇴직자 주택에서 창출되며, 미국에서 대
부분의 수익을 내고 있습니다. 벤타스(Ventas Inc, VTR)와 헬스피크프로
퍼티(Healthpeak Properties Inc, PEAK)도 웰타워와 유사한 부동산을 운
영합니다. 다만 두 리츠는 보건, 헬스케어 관련 대학 캠퍼스 시설도 운영
하고 있습니다.

티커	리츠명	사업모델	시가 총액	배당 수익률	주가상승률		
					1년	3년	5년
WELL	Welltower Inc	미국, 캐나다, 영국 등에서 요양시설, 노인보호시설, 노인주택 운영	$28.09	3.57%	-22.3%	22.2%	15.2%
VTR	Ventas Inc	미국, 캐나다, 영국에서 노인주택, 진료실, 대학연구실, 병원 등 운영	$19.64	3.44%	-16.0%	0.4%	-1.1%
PEAK	Healthpeak Properties Inc	미국 생명과학 캠퍼스, 의료 사무실, 은퇴 케어 커뮤니티 센터 운영	$16.18	4.03%	-20.1%	33.3%	6.4%

* 시가총액, 주가상승률은 2021년 2월 18일 주가 기준
* 출처: Finviz, 각 리츠사 홈페이지, 단위: 십억 달러

|웰타워 주가 추이|

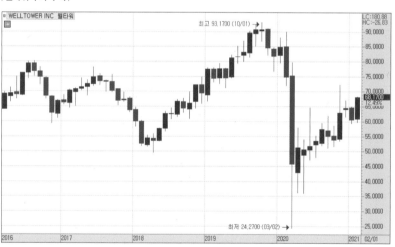

* 출처: 키움증권 HTS

⑦ 오피스

오피스 리츠는 대도시 중심지에 사무실로 활용되는 고층 빌딩을 보유하고 있습니다. 알렉산드리아리얼에스테이트이퀴티(Alexandria Real Estate Equities Inc, ARE)는 미국의 보스턴, 샌프란시스코, 뉴욕, 샌디에이고, 시

애틀 등에서 헬스케어 관련 오피스, 캠퍼스 시설을 운영하고 있습니다. 보스턴프로퍼티(Boston Properties Inc, BXP)는 미국 5개 주에서 196개의 오피스를 운영하고 있으며, 보르나도리얼티트러스트(Vornado Realty Trust, VNO)는 뉴욕, 시카고, 샌프란시스코 등에서 오피스 및 리테일 시설을 운영합니다. 코로나19로 경기위축, 재택근무가 활성화되면서 최근 오피스 리츠들의 주가는 부진한 상황입니다.

|오피스 리츠 대표 종목|

티커	리츠명	사업모델	시가총액	배당수익률	주가상승률 1년	3년	5년
ARE	Alexandria Real Estate Equities Inc	제약, 생명공학, 진단, 연구기관 등에 오피스 임대	$22.58	2.62%	-1.5%	37.2%	124.5%
BXP	Boston Properties Inc	미국 5개 주에서 196개 오피스 운영	$14.48	4.25%	-37.2%	-23.4%	-18.4%
VNO	Vornado Realty Trust	뉴욕, 시카고, 샌프란시스코 등에서 오피스, 리테일 시설 운영	$7.25	5.69%	-42.1%	-45.0%	-45.8%

* 시가총액, 주가상승률은 2021년 2월 18일 주가 기준
* 출처: Finviz, 각 리츠사 홈페이지, 단위: 십억 달러

|알렉산드리아리얼에스테이트이쿼티 주가 추이|

* 출처: 키움증권 HTS

⑧ 셀프스토리지

셀프스토리지는 옷, 취미 용품, 계절 용품 등 당장 필요하지 않은 물건을 보관하고 관리해주는 리츠입니다. 개인 및 자영업자가 주요 수요층이며, 안전한 보관을 위해 화재나 분실과 관련한 보험 혜택도 제공하고 있습니다. 미국에서 가장 큰 셀프스토리지 리츠는 퍼블릭스토리지(Public Storage, PSA)입니다. 미국에서만 2,500개 이상의 창고를 보유하고 있으며, 100만 명 이상의 고객들에게 서비스를 제공하고 있습니다. 미국뿐만 아니라 유럽에도 진출하였습니다. 엑스트라스페이스스토리지(Extra Space Storage Inc, EXR)와 큐브스마트(CubeSmart, CUBE)도 미국에서 셀프스토리지를 서비스를 제공하고 있습니다.

셀프스토리지 리츠의 주가는 최근 3년간 가파르게 올랐습니다. 인구밀집도가 높아지고 고령화가 진행되면서 미국 내에서는 홈 다운사이징 현상이 발생하고 있습니다. 또한 개인이 전자상거래 판매자로 참가하면서 재고를 축적하는 수요가 커지고 있습니다. 셀프스토리지 수요가 증가한 이유입니다.

|셀프스토리지 리츠 대표 종목|

티커	리츠명	사업모델	시가 총액	배당 수익률	주가상승률		
					1년	3년	5년
PSA	Public Storage	미국에서 가장 큰 셀프스토리지 서비스 제공	$41.24	3.41%	5.5%	24.5%	-6.7%
EXR	Extra Space Storage Inc	미국 40개 주에 1,800개 셀프스토리지 공간 보유	$15.83	3.01%	11.5%	44.0%	37.3%
CUBE	CubeSmart	미국 내 1,000개 이상의 셀프스토리지 보유	$7.13	3.73%	15.1%	37.6%	21.1%

• 시가총액, 주가상승률은 2021년 2월 18일 주가 기준
• 출처: Finviz, 각 리츠사 홈페이지, 단위: 십억 달러

* 출처: 키움증권 HTS

⑨ 전문시설

전문시설 리츠는 카지노, 영화관, 옥외광고 등 특수 부동산을 임대해주는 곳입니다. 대표 리츠로 게이밍앤드레저프로퍼티(Gaming and Leisure Properties Inc, GLPI), 라마애드버타이징(Lamar Advertising Company, LAMR), 아웃프론트미디어(Outfront Media Inc, OUT)가 있습니다. 게이밍앤드레저프로퍼티는 미국 전역에서 카지노, 오락시설을 운영하는 리츠이며, 라마애드버타이징은 미국과 캐나다에서 옥외광고 시설을 관리합니다. 아웃프론트미디어 역시 미국에서 옥외광고 시설을 보유하고 있습니다.

전문시설 리츠는 2021년 2월 18일 기준으로 5년간 양호한 수익률을 기록했지만, 1년은 코로나19로 인해 부진했습니다. 단체 시설에 대한 모임 제한, 도시 봉쇄령 등으로 카지노, 오락시설에 대한 발길이 뜸해졌기 때문입니다. 유동인구가 감소하면서 옥외광고 수요도 크게 줄었습니다.

| 전문시설 리츠 대표 종목 |

티커	리츠명	사업모델	시가총액	배당수익률	주가상승률		
					1년	3년	5년
GLPI	Gaming and Leisure Properties Inc	미국 전역에서 카지노, 겜블링 시설 운영	$9.84	5.57%	-12.2%	32.3%	75.7%
LAMR	Lamar Advertising Company	미국과 캐나다에서 옥외광고 시설 운영	$8.68	2.34%	-11.3%	20.3%	52.7%
OUT	Outfront Media Inc	미국에서 부동산과 구조물에 옥외광고 공간을 임대	$3.18	-	-29.9%	-3.5%	10.6%

- 시가총액, 주가상승률은 2021년 2월 18일 주가 기준
- 출처: Finviz, 각 리츠사 홈페이지, 단위: 십억 달러

| 게이밍앤드레저프로퍼티 주가 추이 |

- 출처: 키움증권 HTS

⑩ 숙박/리조트

숙박/리조트 분야에선 호스트호텔 & 리조트(Host Hotels & Resorts Inc, HST)가 시가총액 115.7억 달러로 가장 큽니다. 메리어트(Marriott), 리츠칼튼(Ritz-Carlton), 웨스틴(Westin), 쉐라톤(Sheraton), 더블유(W) 등 80개에 달하는 프리미엄 호텔 브랜드를 운영하고 있으나 코로나19로 인해

글로벌 호텔업이 큰 타격을 입으면서 배당컷이 발생했습니다. 반면 파크호텔 & 리조트(Park Hotels & Resorts Inc, PK)는 경영난에도 배당을 지급했는데요. 배당수익률은 8.7%입니다. 파크호텔 & 리조트는 미국 내 60여 개에 달하는 프리미엄 호텔과 리조트를 운영하고 있습니다. 미국 내 고급 컨벤션센터와 리조트를 운영하는 라이먼하스피탈리티프로퍼티(Ryman Hospitality Properties, Inc, RHP)도 호스트호텔 & 리조트와 마찬가지로 2020년 배당금을 지급하지 못했습니다. 이처럼 리츠라도 운영수익이 발생하지 않으면 배당을 지급하지 못합니다.

| 숙박/리조트 리츠 대표 종목 |

티커	리츠명	사업모델	시가 총액	배당 수익률	주가상승률		
					1년	3년	5년
HST	Host Hotels & Resorts Inc	메리어트, 리츠칼튼 등 미국 내 79개 고급 호텔 운영	$11.57	–	-2.6%	-18.9%	7.3%
PK	Park Hotels & Resorts Inc	미국 내 60개 프리미엄 호텔과 리조트 운영	$4.80	8.67%	-11.1%	-23.6%	
RHP	Ryman Hospitality Properties Inc	미국 내 최대 고급 컨벤션센터 리조트 운영	$4.05	–	-15.2%	6.0%	53.7%

* 시가총액, 주가상승률은 2021년 2월 18일 주가 기준
* 출처: Finviz, 각 리츠사 홈페이지, 단위: 십억 달러

| 라이먼하스피탈리티프로퍼티 주가 추이 |

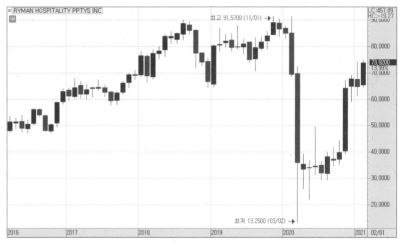

* 출처: 키움증권 HTS

⑪ 다각화시설

다각화시설을 대표하는 리츠는 MGM 그로스프로퍼티(MGM Growth Properties LLC, MGP)입니다. MGM 그로스프로퍼티는 라스베이거스를 포함한 미국 전역에 있는 카지노, 호텔, 컨벤션, 레스토랑 등 다양한 엔터테인먼트 시설을 소유하고 있습니다. VICI 프로퍼티(VICI Properties Inc, VICI)도 MGM 그로스프로퍼티처럼 카지노, 호텔 등 다양한 엔터테인먼트 시설을 운영하고 있습니다. W. P. 캐리(W. P. Carey Inc, WPC)는 앞선 두 리츠와 달리 글로벌 25개국에서 상업시설, 창고, 오피스, 리테일 등 다양한 시설을 운영하고 있는 리츠입니다.

| 다각화시설 리츠 대표 종목 |

티커	리츠명	사업모델	시가 총액	배당 수익률	주가상승률		
					1년	3년	5년
MGP	MGM Growth Properties LLC	카지노, 호텔, 컨벤션, 레스토랑 등 다양한 편의시설 운영	$14.99	6.01%	-4.9%	23.6%	

VICI	VICI Properties Inc	카지노, 호텔, 골프시설 운영	$14.88	4.72%	-0.6%	35.7%	
WPC	W. P. Carey Inc	미국, 서유럽, 북유럽의 부동산 운영	$11.76	6.12%	-19.5%	9.9%	23.7%

* 시가총액, 주가상승률은 2021년 2월 18일 주가 기준
* 출처: Finviz, 각 리츠사 홈페이지, 단위: 십억 달러

| MGM 그로스프로퍼티 주가 추이 |

* 출처: 키움증권 HTS

⑫ 팀버

팀버는 대규모 임야지를 갖고 있어 나무를 길러 목재를 판매하고, 부지를 하이킹, 사냥, 낚시 등 레크리에이션용으로 임대하거나, 에너지 관련 사업 등을 통해 수익을 창출하는 리츠입니다. 와이어하우저(Weyerhaeuser Company, WY)는 미국과 캐나다에서 사업을 하는 리츠로 상장된 팀버 리츠 가운데 규모가 가장 큽니다. 목재를 판매하는 것 외에도 풍력, 태양열 부지 임대와 목재를 활용한 재생에너지 사업도 영위하고 있습니다. 레이어니어(Rayonier Inc, RYN) 역시 목재 판매 및 부지 임대 사업을 하고 있으며 포틀래치델틱(PotlatchDeltic Corporation, PCH)은

목재 관리 외에도 도로 인프라 구축 등의 사업도 겸합니다.

팀버 리츠는 최근 성장하고 있습니다. 2020년 코로나19 여파에도 양호한 상승률을 기록했는데요. 코로나19 이후 집콕족이 늘어난 가운데 인테리어에 대한 관심이 커져 DIY 수요도 늘어난 까닭입니다.

|팀버 리츠 대표 종목|

티커	리츠명	사업모델	시가 총액	배당 수익률	주가상승률		
					1년	3년	5년
WY	Weyerhaeuser Company	미국과 캐나다에서 목재 관리 및 판매, 부동산 개발 사업	$25.53	1.94%	13.4%	-3.9%	47.8%
RYN	Rayonier Inc	미국에서 목재 관리, 레크레이션 부지 임대, 부동산 개발	$4.64	3.11%	17.3%	-1.2%	61.2%
PCH	PotlatchDeltic Corporation	미국에서 목재 및 목재 제품 관리 및 판매, 도로 건설, 부동산 개발	$3.53	3.08%	27.0%	2.6%	114.8%

* 시가총액, 주가상승률은 2021년 2월 18일 주가 기준
* 출처: Finviz, 각 리츠사 홈페이지, 단위: 십억 달러

|와이어하우저 주가 추이|

* 출처: 키움증권 HTS

섹터별 리츠 동향 정리

다 같은 리츠이지만 섹터별로 수익률은 판이하게 다릅니다. 5년간 수익률이 가장 좋은 리츠는 산업시설로, 156.3% 상승했습니다. 같은 기간 데이터센터 리츠는 143.3%, 인프라 리츠는 142.6% 상승했습니다. 수익률이 양호한 리츠의 공통점은 코로나19로 촉발된 언택트 트렌드와 부합한 산업에 속했다는 사실입니다. 산업시설 리츠의 대부분은 물류센터를 임대하는 리츠입니다. 코로나19로 온라인쇼핑이 더욱 성장하면서 물류센터 수요도 함께 늘었습니다. 집에 머무는 시간이 늘면서 게임, 동영상 스트리밍 플랫폼 사용자가 많아지면서 데이터트래픽도 증가했습니다. 데이터트래픽의 증가는 자연스럽게 데이터센터 투자로 이어집니다. 인프라 리츠 역시 데이터트래픽과 관련이 있습니다. 인프라 리츠의 대부분은 통신시설을 보유하고 있는 리츠가 차지하고 있습니다. 세계 주요국의 5G 인프라 투자로 통신시설에 대한 수요도 늘고 있습니다.

|자산 리츠 섹터별 수익률|

섹터	1년	3년	5년
산업시설	12.2%	62.6%	156.3%
데이터센터	21.0%	49.9%	143.3%
인프라	7.3%	62.9%	142.6%
전문시설	-8.2%	9.1%	48.2%
팀버	10.3%	6.6%	40.7%
주거시설	-10.7%	20.5%	34.3%
헬스케어	-9.9%	17.5%	26.2%
셀프스토리지	12.9%	32.2%	25.9%
오피스	-18.4%	-8.3%	9.2%
숙박/리조트	-23.6%	-23.0%	2.7%
다각화시설	-21.8%	-15.1%	-6.4%
리테일	-25.2%	-21.3%	-24.4%

* 수익률은 배당수익률 합산, 2016년 1월~2020년 12월
* 출처: NAREITS

스타일이 다양한
미국 배당 ETF

미국 배당주는 워낙 다양하기 때문에 주식으로 포트폴리오를 꾸리기에
는 선택지가 너무 많습니다. 따라서 똑똑한 ETF 몇 개를 통해 투자하는
것도 방법입니다. 미국 배당 관련 ETF는 고배당, 배당성장, 리츠, 우선
주로 나누어볼 수 있습니다.

고배당 ETF

고배당 ETF는 Vanguard High Dividend Yield ETF(VYM), iShares
Select Dividend ETF(DVY), iShares Core High Dividend ETF(HDV)
가 대표적입니다. VYM은 FTSE High Dividend Yield Index를 추종하
는 상품으로 고배당 ETF 중에서 운용자산 규모가 가장 큽니다. VYM은
리츠를 제외한 미국 고배당주에 투자합니다. 금융주가 20.9%로 가장 많
고, 필수소비재 14.8%, 헬스케어 14.5%, IT 11.5% 순입니다. 분배율은
2.99%입니다. DVY는 5년 이상 배당을 성장시킨 기업 중에서 배당수익
률이 높은 종목을 선별해 투자하는 ETF입니다. 비중은 금융(27.5%), 유
틸리티(20.4%), 경기소비재(8.8%) 순으로 많으며, 분배율은 3.27%입니다.
HDV는 꾸준히 배당을 지급한 미국 주식 중 배당수익률이 높은 75개 기업에 투자합니다. 헬스케어(20.8%), 에너지(19.6%), 통신서비스(15.4%) 종목 비중이 높으며 분배율은 3.92%입니다.

고배당 ETF의 2021년 3월 2일 기준 5년 수익률은 VYM 70.9%, DVY 65.9%, HDV 44.8%입니다. 상대적으로 필수소비재와 IT 비중이 높은 VYM이 가장 양호한 수익률을 기록했습니다.

|주요 고배당 ETF|

티커	ETF명	자산 규모	분배율	운용보수	수익률			분배금 지급주기
					1년	3년	5년	
VYM	Vanguard High Dividend Yield ETF	$32.46	2.99%	0.06%	16.2%	27.4%	70.9%	분기
DVY	iShares Select Dividend ETF	$15.90	3.27%	0.39%	16.7%	26.2%	65.9%	분기
HDV	iShares Core High Dividend ETF	$6.04	3.92%	0.08%	7.3%	19.1%	44.8%	분기

• 2021년 3월 2일 기준, 배당금을 재투자한 총 수익률 기준
• 출처: ETFdb.com, ETF.com, 단위: 십억 달러

|Vanguard High Dividend Yield ETF 주가 추이|

• 출처: 키움증권 HTS

배당성장 ETF

배당성장 ETF는 고배당 ETF보다 배당수익률이 낮지만, 배당금이 꾸준히 늘어나는 종목으로 구성한 ETF입니다. 운용자산 규모가 가장 큰 ETF는 Vanguard Dividend Appreciation ETF(VIG)입니다. VIG는 NASDAQ US Broad Dividend Achievers Index를 따라 움직이는 ETF로 10년 이상 배당금을 꾸준히 늘린 배당성취자 종목을 편입합니다. 업종별 편입 비중은 소비재 20.6%, IT 18.9%, 산업재 16.0%입니다.

Schwab US Dividend Equity ETF(SCHD)는 Dow Jones U. S. Dividend 100 Index를 추종하는 ETF로 10년 이상 배당금을 성장시킨 기업 중에서 재무안전성, ROE, 배당수익률, 배당성장률 등을 고려해 포트폴리오를 구축합니다. 금융주의 비중이 25.6%로 가장 높고 산업재 17.5%, 필수소비재 16.3% 순입니다.

SPDR S&P Dividend ETF(SDY)는 S&P 1500 지수에서 최소 20년 연속 배당금을 늘린 종목을 선별해 포트폴리오를 구성합니다. 업종별 편입 비중은 금융 25.0%, 산업재 18.2%, 필수소비재 13.6% 순입니다.

iShares Core Dividend Growth ETF(DGRO)는 5년 이상 배당금을 늘리면서, 배당성향이 75%가 넘지 않는 종목으로 구성된 ETF입니다. 다른 배당성장 ETF와는 달리 IT(19.7%) 편입 비중이 가장 높은 것이 특징입니다.

이 밖에 DGRO는 금융(18.9%), 헬스케어(16.3%) 등에 분산투자합니다. ProShares S&P 500 Aristocrats(NOBL)는 S&P 500 Dividend Aristocrats Index를 따라 움직이는 ETF로 배당귀족 종목들이 편입되어 있습니다. NOBL은 산업재 주식 비중(24.5%)이 가장 크며, 필수소비재(21.2%), 금융주(14.5%)도 많이 편입되어 있습니다.

분배율이 가장 높은 ETF는 SCHD로 2.94%입니다. SCHD는 배당성장 이력뿐만 아니라 배당수익률도 고려하기 때문에 분배율이 높습니다. 5년간 수익률(2021년 3월 2일 기준)은 SCHD 108.4%, DGRO 103.7%입니다. VIG도 수익률이 100%에 육박했습니다. 세 ETF의 공통점은 기술주 비중이 높다는 점입니다. ETF별 기술주 비중은 SCHD 11.9%, DGRO 19.7%, VIG 18.9%입니다. 2015년부터 기술주들이 강세를 보이면서 ETF 수익률을 끌어올렸습니다.

| 주요 배당성장 ETF |

티커	ETF명	자산 규모	분배율	운용 보수	수익률			분배금 지급주기
					1년	3년	5년	
VIG	Vanguard Dividend Appreciation ETF	$53.50	1.62%	0.06%	19.7%	47.2%	99.6%	분기
SCHD	Schwab US Dividend Equity ETF	$18.53	2.94%	0.06%	32.9%	52.3%	108.4%	분기
SDY	SPDR S&P Dividend ETF	$17.11	2.68%	0.35%	17.0%	34.4%	69.8%	분기
DGRO	iShares Core Dividend Growth ETF	$15.81	2.22%	0.08%	20.5%	43.4%	103.7%	분기
NOBL	ProShares S&P 500 Aristocrats	$7.14	2.08%	0.35%	19.9%	40.7%	82.3%	분기

• 2021년 3월 2일 기준, 수익률은 분배율을 합산한 총 수익률 기준
• 출처: ETFdb.com, ETF.com, 단위: 십억 달러

| Vanguard Dividend Appreciation ETF 주가 추이 |

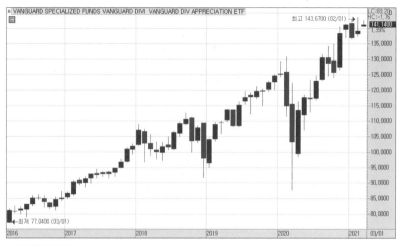

• 출처: 키움증권 HTS

우선주 ETF

미국 우선주 ETF는 iShares Preferred and Income Securities ETF(PFF), Invesco Preferred ETF(PGX)가 대표적입니다. PFF는 뉴욕증권거래소와 나스닥에 상장되어 있는 우선주에 투자합니다. PGX는 미국 우선주뿐만 아니라 미국 외 해외주식의 미국예탁증권(ADR) 우선주, 비상장 선순위채권 등도 편입하고 있습니다.

분배율은 PFF가 4.87%, PGX가 5.08%로 다른 배당 ETF에 비해 높습니다. 분배금을 월 단위로 지급하는 것도 특징입니다. 다만 주가가 크게 변동이 없어 분배금을 제외하곤 주가 상승에 따른 차익실현은 어려운 투자수단입니다.

티커	ETF명	자산 규모	분배율	운용 보수	수익률			분배금 지급주기
					1년	3년	5년	
PFF	iShares Preferred and Income Securities ETF	$17.52	4.87%	0.46%	7.7%	18.4%	26.2%	월
PGX	Invesco Preferred ETF	$6.75	5.08%	0.52%	5.3%	18.5%	31.0%	월

• 2021년 3월 2일 기준, 배당금을 재투자한 총 수익률 기준
• 출처: ETFdb.com, ETF.com, 단위: 십억 달러

| iShares Preferred and Income Securities ETF 주가 추이 |

* 출처: 키움증권 HTS

리츠 ETF

미국 리츠 ETF 중 운용자산 규모가 가장 큰 것은 Vanguard Real Estate Index Fund(VNQ)입니다. VNQ는 미국 부동산을 소유하고 있는 리츠에 투자하는 ETF입니다. VNQ는 개별 리츠 외 Vanguard Real Estate II Index Fund Institutional Plus Shares라는 펀드에 투자합니다. 전문

시설, 산업시설 등 다양한 리츠에 투자하는 펀드로 VNQ 내 편입 비중이 가장 높습니다. 나머지 개별 리츠는 시가총액이 큰 순으로 편입 비중을 가져가고 있습니다. 따라서 통신 인프라 리츠인 아메리칸타워(AMT)를 7.3% 편입하고 있으며, 물류 리츠인 프로로지스(PLD)는 5.5%, AMT와 같은 사업을 하는 크라운캐슬인터내셔널(CCI)도 4.9% 포함되어 있습니다. iShares U. S. Real Estate ETF(IYR)와 Real Estate Select Sector SPDR Fund(XLRE)도 미국 부동산을 소유하고 있는 대표 리츠에 투자합니다. VNQ와 달리 특정 펀드를 편입하지 않고 개별 리츠만 보유하고 있습니다. 시가총액 가중 편입 방식이기 때문에 AMT, PLD, CCI 순으로 비중이 높습니다.

분배율은 VNQ 3.78%, IYR 2.52%, XLRE 3.08%이며, 5년 수익률(2021년 3월 2일 기준)은 30~40%대로 비슷한 수준입니다.

| 주요 리츠 ETF |

티커	ETF명	자산 규모	분배율	운용 보수	수익률			분배금 지급주기
					1년	3년	5년	
VNQ	Vanguard Real Estate Index Fund	$34.00	3.78%	0.12%	0.0%	34.4%	36.9%	분기
IYR	iShares U. S. Real Estate ETF	$5.24	2.52%	0.42%	-2.4%	30.6%	41.2%	분기
XLRE	Real Estate Select Sector SPDR Fund	$2.28	3.08%	0.12%	-0.5%	37.3%	47.5%	분기

* 2021년 3월 2일 기준, 배당금을 재투자한 총 수익률 기준
* 출서: ETFdb.com, ETF.com, 단위: 십억 달러

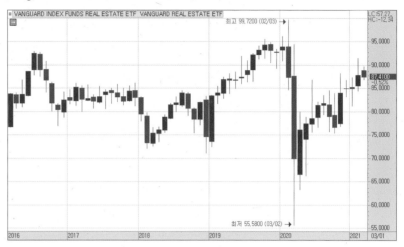

|Vanguard Real Estate Index Fund 주가 추이|

* 출처: 키움증권 HTS

특정 섹터 비중이 높은 리츠도 존재합니다. 통신 인프라와 데이터센터 리츠 비중이 높은 Pacer Benchmark Data & Infrastructure Real Estate SCTR ETF(SRVR)와 물류센터 리츠가 많이 포함되어 있는 Pacer Benchmark Industrial Real Estate SCTR ETF(INDS)가 대표적입니다. SRVR은 데이터센터 및 인프라 관련 리츠에 85%를 투자하는 ETF입니다. 통신 인프라 리츠인 AMT(14.6%), CC1(14.3%) 비중이 가장 높으며, 데이터센터 리츠인 이퀴닉스(EQIX)와 아이언마운틴(IRM)의 비중도 각각 13.8%와 5.5%를 차지하고 있습니다.

최근 수년간 인프라, 데이터센터, 물류센터 리츠 주가가 많이 오른 까닭에 분배율은 낮은 편입니다. 분배율은 SRVR이 1.64%, INDS가 1.67%에 불과합니다.

|주요 인프라, 데이터센터, 물류 리츠 ETF|

티커	ETF명	자산 규모	분배율	운용 보수	수익률			분배금 지급주기
					1년	3년	5년	
SRVR	Pacer Benchmark Data & Infrastructure Real Estate SCTR ETF	$1.02	1.64%	0.60%	0.9%			분기
INDS	Pacer Benchmark Industrial Real Estate SCTR ETF	$0.16	1.67%	0.60%	12.2%			분기

* 2021년 3월 2일 기준, 배당금을 재투자한 총 수익률 기준
* 출처: ETFdb.com, ETF.com, 단위: 십억 달러

|Pacer Benchmark Data & Infrastructure Real Estate SCTR ETF 주가 추이|

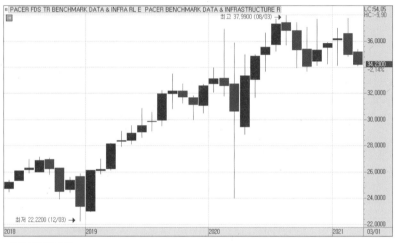

* 출처: 키움증권 HTS

월 배당 ETF

월 배당을 지급하는 ETF는 대부분 채권이나 우선주 등으로 구성된 종목입니다. 본 책에서는 주식으로 구성된 ETF 중에서 월 배당을 주는 종목에 대해 소개합니다. 운용자산 규모가 가장 큰 것은 SPDR Dow Jones Industrial Average ETF(DIA)입니다. 이 ETF는 미국의 대표 지

수인 다우존스 산업평균 지수를 추종합니다. 다우존스 산업평균 지수는 일반적으로 블루칩이라 불리는 우량 대기업 30곳으로 구성되어 있습니다. IT(21.46%) 편입 비중이 가장 높으며, 산업재(17.2%), 경기소비재(16.7%), 헬스케어(16.5%) 업종 순으로 구성되어 있습니다.

Invesco S&P 500 Low Volatility ETF(SPLV)는 이름처럼 주가 변동성이 낮은 기업에 투자합니다. 이 ETF는 S&P 500 지수에 속한 종목들 중에서 주가 변동성이 가장 낮은 100개 종목을 시가총액 가중 방식으로 구성한 S&P 500 Low Volatility Index를 추종합니다. 필수소비재(24.2%) 비중이 가장 크며, 헬스케어(20.9%), 산업재(15.6%), IT(13.1%) 순입니다.

WisdomTree U. S. Dividend Growth Fund(DGRW)는 WisdomTree U. S. Dividend Index를 추종하는 ETF입니다. WisdomTree U. S. Dividend Index는 정기적으로 배당을 지급하는 종목 중에서 실적 성장성과 ROE 등을 고려하여 선정한 300개의 종목으로 구성됩니다. IT 기업 비중이 26.08%로 가장 높으며, 다음으로 헬스케어(19.0%), 산업재(16.3%), 필수소비재(15.5%) 비중이 높습니다.

분배율은 DIA, SPLV, DGRW가 각각 1% 중후반대로 비슷합니다. 배당 지급월이 다른 종목들로 구성되어 있기 때문에 월 배당을 지급하지만, 분배율이 높은 편은 아닙니다. 최근 5년간 수익률(2021년 4월 10일 기준)은 SPLV를 제외하곤 세자릿수 이상을 달성하고 있습니다. SPLV는 주가 변동성이 낮아 안정적인 만큼 수익률도 높지 않은 편입니다.

티커	ETF명	자산규모	분배율	운용 보수	수익률			분배금 지급 주기
					1년	3년	5년	
DIA	SPDR Dow Jones Industrial Average ETF	$28,995.90	1.67%	0.16%	45.30%	50.66%	114.69%	월
SPLV	Invesco S&P 500 Low Volatility ETF	$7,750.69	1.84%	0.25%	17.05%	35.84%	64.01%	월
DGRW	WisdomTree U. S. Dividend Growth Fund	$5,671.38	1.81%	0.28%	43.23%	57.08%	111.85%	월

• 2021년 4월 10일 기준, 배당금을 재투자한 총 수익률 기준
• 출처: ETFdb.com, ETF.com, 단위: 십억 달러

| SPDR Dow Jones Industrial Average ETF 주가 추이 |

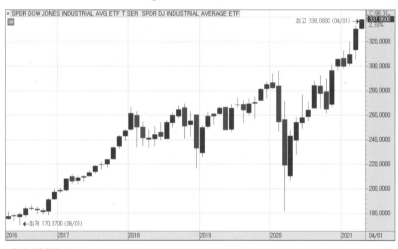

• 출처: 키움증권 HTS

미국 배당주 투자 시 참고해야 할 사이트

배당주 발굴에 적합한 사이트

슈어디비던드닷컴(suredividend.com)은 6가지 배당주의 별칭인 배당도 전자, 배당경쟁자, 배당챔피언, 배당성취자, 배당귀족, 배당킹의 리스트를 제공합니다.

디비던드닷컴(dividend.com)은 미국 배당주 정보 관련 가장 대중적인 사이트입니다. 스크리너(Screener)를 통해 조건에 맞는 배당주를 발굴할 수 있으며, 월 배당을 지급하는 종목, 배당 ETF, 우선주, 리츠 등 배당에 관한 총체적인 정보를 얻을 수 있습니다. 유료 서비스를 가입하면 자체 기준으로 평가한 우량 배당주 리스트를 제공해줍니다.

디비던드인베스터닷컴(dividendinvestor.com)은 디비던드닷컴과 유사한 사이트입니다. 스크리너 기능과 월 배당, 우선주, 배당 ETF, 리츠에 관한 정보를 얻을 수 있습니다.

핀비즈닷컴(Finviz.com)은 배당 정보 전문 사이트는 아니지만, 종목 발굴용 스크리너 서비스를 가장 자세히 제공하고 있습니다. 타 배당 정보 사이트에서 잘 제공해주지 않는 투자지표, 5년 ESP 성장률, 5년 매출액 성장률 등 펀더멘탈 지표 필터가 많습니다. 배당 전문 사이트에서 고배당주, 배당성장주 리스트를 구한 후 핀비즈닷컴에서 펀드멘탈 지표를 참고해 우량 배당주를 선별할 수 있습니다.

| 핀비즈닷컴 스크리너 화면 |

• 출처: finviz.com

인베스팅닷컴(kr.investing.com)에서는 캘린더 형식으로 글로벌주식 배당 일정을 제공합니다. 배당락일, 배당지급일, 예상배당금 및 배당수익률 등입니다. 뭐니 뭐니 해도 인베스팅닷컴의 가장 큰 장점은 한국어 서비스가 지원된다는 점입니다. 당장 배당금을 주는 주식을 찾고 싶다면 인베스팅닷컴에서 [도구모음] – [캘린더] – [배당 일정] 경로로 접근하면 됩니다.

배당 ETF에 관한 정보는 이티에프닷컴(ETF.com), 이티에프디비닷컴(ETFdb.com)에서 찾을 수 있습니다. 두 사이트 모두 ETF 스크리너 기능을 제공하고 있어, 조건에 맞는 배당 ETF 리스트를 얻을 수 있습니다. 두 사이트에서 제공하는 스크리너 필터 항목은 비슷하지만, 약간의 차이가 존재합니다. 따라서 구하고 싶은 정보를 두 사이트에서 번갈아 비교하며 찾는 것이 좋습니다.

| 이티에프디비닷컴 스크리너 화면 |

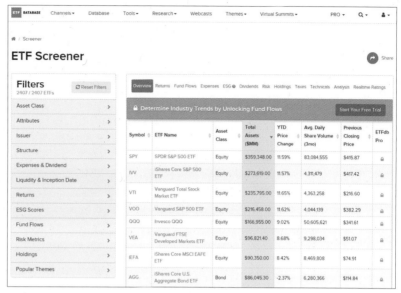

• 출처: etfdb.com

| 배당주 발주 시 참고 사이트 |

사이트명	주소	특징
슈어디비던드닷컴	suredividend.com	6가지 배당주의 별칭인 배당도전자, 배당경쟁자, 배당챔피언, 배당성취자, 배당귀족, 배당킹의 리스트 제공
디비던드닷컴	dividend.com	미국 배당주 정보 관련 가장 대중적인 사이트
디비던드인베스터닷컴	dividendinvestor.com	디비던드닷컴과 유사. 스크리너 기능과 월 배당, 우선주, 배당 ETF, 리츠에 관한 정보를 얻을 수 있음
핀비즈닷컴	Finviz.com	종목 발굴용 스크리너 서비스를 가장 자세히 제공. 펀더멘탈 지표 필터가 많음
인베스팅닷컴	kr.investing.com	캘린더 형식으로 글로벌주식 배당 일정을 제공. 한국어 서비스 지원
이티에프닷컴	ETF.com	배당 ETF에 관한 정보
이티에프디비닷컴	ETFdb.com	배당 ETF에 관한 정보

개별 배당주 분석에 적합한 사이트

디비던드닷컴에서는 개별 종목에 관한 배당 히스토리를 상세하게 확인할 수 있습니다. 테이블 형식으로 배당금 및 배당수익률, 주요 배당 관련 일정, 배당성장률 등의 정보를 찾아볼 수 있습니다.

| 디비던드닷컴에서 검색한 존슨앤존슨 주요 배당관련 일정 |

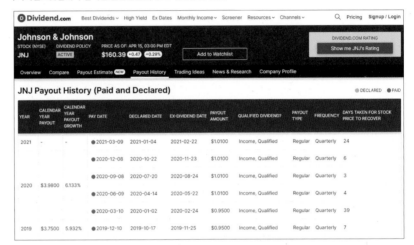

* 출처: dividend.com

시킹알파닷컴(seekingalpha.com)은 개별 종목의 배당 성장 햇수를 수치로 보여주고 있으며, 과거 배당금 정보를 그래프로 제공하고 있어 배당 성장 현황을 직관적으로 확인할 수 있습니다. 이 밖에 개별 종목의 5년 치 재무정보를 무료로 볼 수 있으며, 해당 기업이 미국 전자공시사이트 에드가(EDGAR)에 제출하는 공시, 관련 뉴스 등을 확인할 수 있습니다.

| 시킹알파닷컴에서 검색한 마이크로소프트 배당 히스토리 정보 |

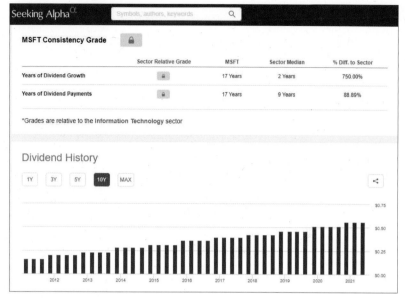

• 출처: seekingalpha.com

초이스스탁(choicestock.co.kr)은 개별 종목의 10년 재무제표 데이터 및 투자지표, 10년 배당금, 배당수익률 현황 등을 데이터와 그래프로 제공합니다. 국내 미국 주식 정보 사이트로 모든 정보가 한글입니다.

| 초이스스탁에서 검색한 애브비의 재무차트 화면 |

* 출처: choicestock.co.kr

| 개별 배당주 분석 시 참고 사이트 |

사이트명	주소	특징
디비던드닷컴	dividend.com	개별 종목에 관한 배당 히스토리를 상세하게 확인
시킹알파닷컴	seekingalpha.com	개별 종목의 배당 성장 햇수를 수치로 보여주고 있으며, 과거 배당금 정보를 그래프로 제공하고 있어 배당 성장 현황을 직관적으로 확인
초이스스탁	choicestock.co.kr	개별 종목의 10년 재무제표 데이터 및 투자지표, 10년 배당금, 배당수익률 현황 등을 데이터와 그래프로 제공. 모든 정보가 한글

따끈따끈한 배당 발표 소식은 어디서 접할까?

미국 주식의 배당 소식은 자사 IR 홈페이지나 에드가 사이트에서 최초로 접할 수 있습니다. 그런데 국내 투자자가 일일이 해당 사이트를 챙겨보는 것은 여간 번거로운 일이 아닙니다. 해외주식 거래가 늘어나면서 국내 증권사들은 고객들을 유치하기 위해 다양한 서비스를 제공하고 있습니다. 미국 주식에 대한 실시간 속보도 그중 하나입니다. 일례로 키움증권 해외주식 전용 HTS 영웅문 글로벌의 경우 '미국실적공시', '미국일반공시'에서 미국 기업들의 실적과 배당 정보를 제공하고 있습니다.

다음 중 장기적으로 투자할 만한 우량 배당주는?

예제

애니(Eni SpA ADR, E), 버라이즌커뮤니케이션즈(Verizon Communications Inc, VZ), 블랙록(BlackRock Inc, BLK)이란 기업이 있습니다. 이 중 장기적으로 투자할 만한 우량 배당주는 무엇일까요? 실적, 배당정책 관점에서 살펴보겠습니다.

| 애니의 실적, 잉여현금흐름, 배당정책에 관한 내용 |

(단위: 백만 달러)

	2016	2017	2018	2019	2020
매출액	56,693	70,977	76,938	71,041	44,947
영업이익	2,157	8,012	9,983	6,432	-3,275
잉여현금흐름	-1,375	4,372	4,869	5,416	427
배당성향	-208.20%	56.80%	51.00%	2102.60%	-20.60%
주당배당금(달러)	1.80	1.28	1.35	1.89	1.22
배당수익률	5.60%	3.90%	4.30%	6.10%	5.90%

* 출처: 초이스스탁, 2020년 기말 주가 기준

| 버라이즌의 실적, 잉여현금흐름, 배당정책에 관한 내용 |

(단위: 백만 달러)

	2016	2017	2018	2019	2020
매출액	125,980	126,034	130,863	131,868	128,292
영업이익	29,249	27,425	22,278	30,378	28,798
잉여현금흐름	4,630	7,071	17,681	17,807	23,576
배당성향	70.60%	31.50%	63.10%	52.00%	57.50%
주당배당금(달러)	2.27	2.32	2.37	2.42	2.47
배당수익률	4.30%	4.40%	4.20%	3.90%	4.20%

* 출처: 초이스스탁, 2020년 기말 주가 기준

| 블랙록의 실적, 잉여현금흐름, 배당정책에 관한 내용 |
(단위: 백만 달러)

	2016	2017	2018	2019	2020
매출액	12,261	13,600	14,198	14,539	16,205
영업이익	4,565	5,254	5,457	5,551	5,695
잉여현금흐름	2,154	3,795	2,871	2,630	3,549
배당성향	47.50%	32.70%	45.00%	46.00%	45.20%
주당배당금(달러)	9.16	10.00	12.09	13.20	14.52
배당수익률	2.40%	1.90%	3.10%	2.60%	2.00%

• 출처: 초이스스탁, 2020년 기말 주가 기준

(해설)

먼저 애니입니다. 애니의 배당수익률은 높은 편입니다. 2019년엔 6.10%, 2020년에
도 5.90%를 기록했습니다. 다만 실적 변동성이 큰 편입니다. 또한 추세적으로 감소하
고 있습니다. 매출액은 2018년 769억 달러를 기록했지만, 2020년엔 449억 달러로
감소했습니다. 이에 따라 영업이익은 2020년 적자 전환했습니다. 2016년부터 꾸준히
배당금을 지급했지만 실적 변동성이 큰 탓에 배당금 역시 들쑥날쑥입니다. 이런 기업
은 당장은 배당수익률이 높더라도 장기적으로 주가가 오르긴 어렵습니다. 5년간 애니
의 주가를 보면 30달러 선에서 20달러 중반으로 하락한 것을 알 수 있습니다.

| 애니 주가 추이 |

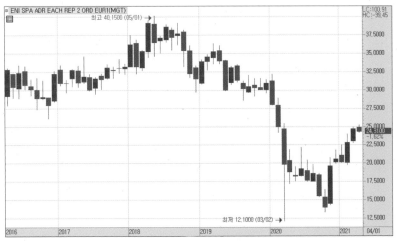

• 출처: 키움증권 HTS

다음은 버라이즌입니다. 버라이즌의 배당수익률은 2020년 기준 4.20%입니다. 5년간 전반적으로 4% 내외의 배당수익률을 기록하고 있습니다. 배당금은 조금씩 늘려가고 있습니다. 버라이즌의 실적은 지속적으로 성장하지 않았지만 꾸준합니다. 잉여현금흐름도 잘 창출되고 있습니다. 실적이 크게 성장하진 않더라도 배당성향은 50% 내외를 기록하고 있어 향후 지금처럼 배당을 조금씩 늘려가기엔 충분해 보입니다. 버라이즌의 주가는 최근 5년간 10% 넘게 상승했습니다. 배당수익률을 감안하면 매년 6~7%가량 주주들에게 수익을 안겨주는 셈입니다.

| 버라이즌 주가 추이 |

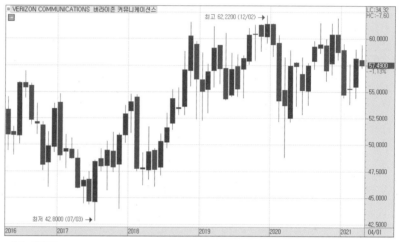

* 출처: 키움증권 HTS

마지막으로 블랙록입니다. 블랙록의 배당수익률은 2%대로 세 종목 중에서 가장 낮습니다. 그러나 5년간 배당금 성장률은 58.5%로 가장 높습니다. 배당금은 실적에서 비롯되는 만큼 블랙록의 실적 성장도 꾸준히 진행되고 있습니다. 2016년부터 2020년까지 블랙록의 매출액은 32.1% 증가했습니다. 블랙록의 배당성향은 45% 내외로 일정한 편입니다. 배당금이 성장하는데 배당성향이 일정하다는 것은 순이익도 같이 성장했다는 의미입니다. 실적과 배당 성장이 동시에 진행되고 있어 주가도 화답하는 모습입니다. 블랙록의 주가는 5년간 2배 넘게 상승했습니다.

|블랙록 주가 추이|

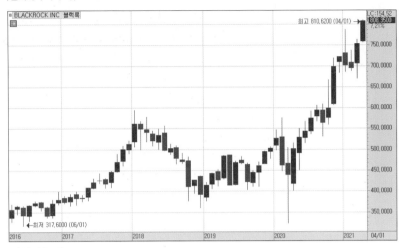

* 출처: 키움증권 HTS

그렇다면 세 종목 중 어떤 주식에 투자하는 것이 좋을까요? 일단 애니는 투자대상에서 제외시키는 게 좋습니다. 원금의 안전성을 보장하지 못하기 때문입니다. 결론론적으로 본다면 블랙록에 투자하는 것이 가장 좋은 선택일 것입니다. 주가상승률과 배당수익률을 합한 총 수익률이 가장 높기 때문입니다. 다만 이는 투자자의 성향에 따라다를 수 있습니다. 시세 차익보단 안정적이며 배당수익률이 높은 주식을 선호한다면 버라이즌도 괜찮은 선택이 될 수 있습니다. 투자자의 성향에 따라 주식을 선택할 수 있지만 중요한 것은 배당 투자에 있어 원금의 안정성을 지킬 수 있는지입니다. 따라서 장기적으로 실적이 꾸준하고 일관된 배당정책을 시행하는 기업을 먼저 골라야 할 것입니다.

023　나에게 맞는 배당주 투자 방법은 무엇일까?

024　배당 포트폴리오 꾸리기

투자자 맞춤형
배당 포트폴리오
꾸리기

어떻게 지속 가능한 투자를 할 것인가?

배당투자를 시작한 지 3년이 지난 지금 고배당 씨는 안정적인 투자 생활을 하고 있습니다. 투자에 임할 때 우량한 기업인지 판단하고 향후 주주 친화적인 배당정책을 지속할지 여부를 꼼꼼히 점검했습니다. 예전처럼 높은 배당수익률만 보고 덥석 주식을 매수하는 실수를 하지 않는 것은 물론입니다. 이렇게 투자를 하니 제법 수익이 나기 시작했습니다. 이제는 3년 전 자신처럼 주식투자에 막 입문한 지인들에게 투자 노하우를 전수해주는 지경에 이르렀습니다.

하루는 친구 B씨에게 자신이 투자하고 있는 종목 중에서 배당 매력도 있지만 성장성이 높은 주식을 알려줬습니다. 이 주식에 대해서 공부해보고 투자도 해보라는 취지에서 말입니다. B씨 역시 그 종목을 마음에 들어 했고 투자하기로 결정했습니다.

몇 개월이 지난 후 고배당 씨는 다시 B씨와 저녁 약속을 잡았습니다. 시간이 지나면서 지난번 소개한 주식이 많이 올라 가벼운 마음으로 B씨를 만났습니다. 그런데 저녁 식사 중 B씨는 그 주식을 결국 손해를 보고 팔았다는 것이었습니다. 좋은 기업인지 알고 있었지만 주가 변동성이 너무 커 보유하기 어려웠다는 것입니다. 더군다나 해당 주식에 거의 모든 돈을 투자해 멘탈 관리가 힘들었다고 했습니다. 고배당 씨는 아쉬운 마음이 들면서도 중요한 사실을 깨달았습니다. 투자자마다 성향이 다르고, 지속 가능한 투자를 하기 위해서는 다양한 주식으로 구성된 포트폴리오를 짜는 것이 중요하다는 것 말입니다.

나에게 맞는
배당주 투자 방법은 무엇일까?

아무리 매력적인 주식이라도 투자자 본인에게 맞지 않다면 수익을 내기 어렵습니다. 대표적으로 예적금만 경험하다가 주식을 막 시작한 투자자가 성장주에 투자하는 경우입니다. 일반적으로 성장주는 주가변동성이 큽니다. 하루에 −5%에서 5%까지 주가가 변동하는 주식을 과연 초보투자자가 감당할 수 있을까요? 쉽지 않습니다. 따라서 투자자의 경험, 투자 성향에 따라 나에게 맞는 주식에 투자할 필요가 있습니다. 다음 그래프는 각각의 배당주 유형을 기대수익률과 주가변동성으로 나타낸 매트릭스 차트입니다.

| 기대수익률과 주가변동성으로 나타낸 배당주의 유형 |

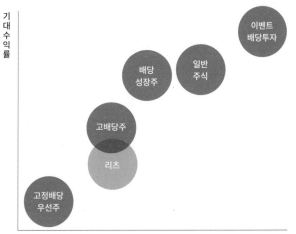

보수적인 투자자를 위한 배당주 투자

가장 보수적인 투자대상은 고정배당우선주입니다. 예적금만 가입하다가 주식을 처음 접하는 투자자가 시도하기에 적합한 배당주입니다. 물론 자신의 투자 성향이 공격적이라면 굳이 고정배당우선주에 연연할 필요는 없습니다. 한편 고정배당우선주는 투자 성향과 상관없이 급락장이 찾아왔을 때 유용합니다. 상대적으로 주가변동성이 낮고 빠르게 매입가격으로 회복하는 특징이 있기 때문에 투자자들의 피난처로 좋습니다.

고정배당우선주보다 기대수익률이 높은 배당주는 리츠와 고배당주입니다. 리츠는 부동산에 간접투자하는 상품이기 때문에 일반 주식보다 주가변동성이 낮습니다. 물론 그만큼 기대수익률도 높지 않습니다. 특정 시점에서는 부동산 가격 상승률이 주식 수익률을 넘어서기도 하지만, 장기적으로 보면 주식 수익률이 부동산 수익률을 앞섰기 때문입니다.

리츠와 성격이 비슷한 투자처는 고배당주입니다. 고배당을 지급하는 기업은 금융, 유틸리티, 필수소비재, 산업재 기업 등이 대다수입니다. 경기에 영향을 덜 받는 사업모델을 갖고 있으며, 꾸준한 이익을 바탕으로 고배당을 지급하고 있어 주가변동성이 낮습니다. 역사적으로 살펴보면 고배당주의 수익률은 리츠를 앞섭니다.

한편 리츠가 부동산 투자라고 해서 항상 주식보다 주가변동성이 낮은 것은 아닙니다. 전대미문의 코로나19 사태가 벌어지면서 호텔, 숙박, 카지노 리츠의 영업환경이 급격하게 악화되어 주가 역시 곤두박질쳤습니다. 반면 인프라, 데이터센터, 물류 리츠들은 상대적으로 양호한 수익률을 기록했죠. 때문에 리츠는 부동산 투자라 무조건 안정적이라고 판단하는 것보단 섹터별로 달리 보는 것이 합당합니다.

주식을 처음 시작하거나 보수적인 성향을 가진 투자자라면 고정배당우선주나 리츠, 고배당주에 투자하는 것이 좋습니다. 예적금보다 기대수익률은 높으면서 주가변동성은 일반 주식보다 낮아 투자하기에 부담이 적습니다.

수익과 안전, 둘 다 추구하는 배당주 투자

좀더 위험을 감당할 수 있고 기대수익률을 높이고 싶다면 배당성장주에 투자하는 것이 좋습니다. 배당성장주의 장점은 일반 주식과 기대수익률은 비슷한데, 주가변동성은 낮습니다. 특히 미국 배당주 중 10년 이상 배당을 늘린 배당성취자, 25년간 배당을 키운 배당귀족 종목들은 오랜 시간 검증된 우량주일 가능성이 높습니다. 이런 종목 중에서 투자대상을 고른다면 시간도 단축되고 투자에 실패할 염려도 적습니다.

매년 증가하는 배당금을 재투자해 기대수익률을 극대화시킬 수 있습니다. 개인적으로 가장 이상적인 배당투자는 배당성장주 투자라고 생각합니다. 배당성장주 투자에서 얻을 수 있는 전체 투자수익이 100이면, 주가 상승에 따른 차익이 80, 매년 지급되는 배당수익이 20 정도입니다. 아무쪼록 주식에 투자하는 것이니 배당을 받으면서 주가 상승에 따른 차익을 노리는 것이 좋습니다.

투자자 성향에 따라 배당성장주에 집중투자하거나, 고배당주와 리츠 등을 적절히 섞어 포트폴리오의 안전성을 추구하는 전략도 고려할 수 있습니다.

공격적인 투자자를 위한 배당주 투자

증여, 상속 등의 이벤트가 발생해 세금 이슈에 직면한 기업이나 경영참여형 사모펀드가 인수한 기업은 배당금을 크게 늘리기도 합니다. 이 경우 대폭 증가한 배당금이 기폭제가 되어 주가가 단기간에 크게 상승할 수 있습니다. 꾸준히 배당금을 받을 수 있는 안정적인 배당투자에 만족하지 못한다면 배당 이벤트를 통한 투자로 고수익을 노릴 수 있습니다. 이러한 투자는 배당금보단 주가 상승에 따른 차익을 노리는 것입니다. 따라서 매수·매도 시점이 중요합니다. 또한 배당 이벤트가 지속되는 것이 아니기 때문에 급등했던 주가가 제자리로 돌아오는 경우도 있습니다. 주가변동성도 상당히 큽니다. 이런저런 리스크가 있는 만큼 투자자는 주의를 기울여 접근해야 합니다.

배당 포트폴리오 꾸리기

한국 주식으로 매 분기 배당받는 포트폴리오 꾸리기

국내 상장사의 98%는 12월 결산법인입니다. 중간 배당금을 지급하는 기업은 5% 미만이기 때문에 국내주식으로 월 배당을 받는 포트폴리오를 꾸리는 것은 불가능합니다. 다만 중간 배당을 지급하는 주식을 적절히 섞는다면 분기마다 배당금을 받을 수 있는 포트폴리오를 꾸릴 수 있습니다. 아래 리스트는 5년간 연평균 매출액 성장률이 플러스이면서, 잉여현금흐름이 5년 중 적자가 1년 이하인 기업(금융회사 제외), 배당수익률이 1% 이상인 기업 중 중간 배당을 지급하는 곳만 추린 것입니다.

| 분기 배당지급하는 기업 리스트 |

종목 코드	종목명	배당금 (2020) (원)	주가 (원)	배당 수익률	5년 연평균 배당금 성장률	5년 연평균 매출액 성장률	시가총액 (억 원)	배당지급일
005930	삼성전자	2,994	83,600	3.58%	51.4%	4.1%	4,990,738	4월, 5월, 8월, 11월
005490	POSCO	8,000	285,000	2.81%	0.0%	2.1%	248,482	4월, 5월, 8월, 11월
017670	SK텔레콤	10,000	247,500	4.04%	0.0%	2.2%	199,846	2021년부터 분기 배당
086790	하나금융지주	1,850	37,900	4.88%	15.2%	8.6%	113,792	4월, 8월

088980	맥쿼리인프라	719	11,150	6.45%	15.9%		41,499	4월, 8월
003410	쌍용C&E	440	6,700	6.57%	92.6%	0.7%	33,759	4월, 5월, 8월, 10~11월
096530	씨젠	1,500	128,100	1.17%		97.7%	33,606	2021년부터 분기 배당
033290	코웰패션	120	5,700	2.11%		14.3%	5,045	4월, 7월
044340	위닉스	500	24,650	2.03%	77.8%	15.7%	4,406	4월, 7월
025000	KPX케미칼	2,750	62,800	4.38%	8.3%	3.6%	3,040	4월, 8월
004590	한국가구	135	5,800	2.33%	9.2%	7.0%	870	4월, 10월

* 씨젠은 2019년, 코웰패션은 2017년부터 배당금 지급
* 맥쿼리인프라는 인프라펀드로 매출액이 존재하지 않음
* 매출액 성장률, 배당금 성장률은 2016~2020년 기준, 주가는 2021년 3월 2일 기준
* 출처: 전자공시시스템

추가로 중간 배당을 지급하지 않지만, 배당수익률이 높거나 최근 5년간 배당금을 성장시킨 기업들도 존재합니다.

| 고배당 기업 리스트 |

종목코드	종목명	배당금 (2020) (원)	주가 (원)	배당 수익률	5년 연평균 배당금 성장률	5년 연평균 매출액 성장률	시가총액 (억 원)
105560	KB금융	1,770	44,500	4.0%	9.1%	21.7%	185,035
055550	신한지주	1,500	33,250	4.5%	0.9%	6.8%	171,769
016360	삼성증권	2,200	37,050	5.9%	36.7%	25.5%	33,086
008560	메리츠증권	320	3,835	8.3%	12.5%	35.4%	25,923
138040	메리츠금융지주	900	12,300	7.3%	31.6%	23.2%	16,483
028150	GS홈쇼핑	8,500	139,700	6.1%	5.0%	3.2%	9,168
092130	이크레더블	700	21,100	3.3%	7.2%	8.0%	2,541
024090	디씨엠	500	12,500	4.0%	5.7%	6.5%	1,463

* 매출액 성장률, 배당금 성장률은 2016~2020년 기준, 주가는 2021년 3월 2일 기준
* 출처: 전자공시시스템

종목코드	종목명	배당금 (2020) (원)	주가 (원)	배당 수익률	5년 연평균 배당금 성장률	5년 연평균 매출액 성장률	시가총액 (억 원)
018260	삼성에스디에스	2,400	191,500	1.3%	33.7%	7.7%	148,178
033780	KT&G	4,800	78,100	6.1%	7.5%	4.4%	107,225
010130	고려아연	15,000	407,000	3.7%	15.3%	6.7%	76,801
030200	KT	1,350	26,100	5.2%	14.0%	1.3%	68,150
012750	에스원	2,500	83,400	3.0%	18.9%	5.0%	31,691
007310	오뚜기	8,000	569,000	1.4%	4.1%	6.6%	20,894
053800	안랩	900	92,500	1.0%	6.5%	5.7%	9,263
123890	한국자산신탁	220	3,880	5.7%	12.6%	15.2%	4,810
119860	다나와	600	35,200	1.7%	41.0%	37.8%	4,602
100120	뷰웍스	450	32,000	1.4%	22.5%	8.1%	3,201
044450	KSS해운	300	10,600	2.8%	15.3%	12.5%	2,458
130580	나이스디앤비	200	9,400	2.1%	24.2%	24.7%	1,448

• 매출액 성장률, 배당금 성장률은 2016~2020년 기준, 주가는 2021년 3월 2일 기준
• 출처: 전자공시시스템

미국 주식으로 매월 배당받는 포트폴리오 꾸리기

미국 주식은 결산월도 다양하고 분기 배당을 지급하는 기업이 많습니다. 따라서 매 분기 배당을 지급하는 기업 중 배당지급월이 다른 기업들로 포트폴리오를 구성하면 매월 배당을 받을 수 있습니다. 1월, 4월, 7월, 10월에 배당하는 기업, 2월, 5월, 8월, 11월에 배당을 지급하는 기업, 3월, 6월, 9월, 12월에 배당을 주는 기업들을 모두 투자하면 가능합니다. 아래 3개의 리스트는 10년 이상 배당금을 늘렸으며, 5년간 연평균 매출액 성장률이 플러스, 잉여현금흐름이 흑자인 기업들 중 배당지급월이 다른 종목들끼리 추린 것입니다.

| 배당 지급일이 1월, 4월, 7월, 10월인 기업 리스트 | (단위: 달러)

티커	종목명	주당 배당금 (2022)	주가	배당 수익률	5년 배당금 연평균 성장률	5년 매출액 연평균 성장률	시가총액 (백만 달러)
CSCO	시스코 시스템즈	1.5	55.5	2.70%	6.40%	1.40%	225,045
CMCSA	컴캐스트	1.06	45.5	2.30%	17.50%	7.40%	187,694
PM	필립 모리스 인터내셔널	5.04	97.71	5.20%	3.60%	0.60%	151,680
SYK	스트라이커	2.835	288.97	1.00%	10.20%	8.20%	109,745
ADP	오토매틱 데이터 프로세싱	4.05	243.865	1.70%	12.60%	5.90%	100,469
AMT	아메리칸 타워	5.86	177.41	3.30%	17.50%	10.00%	82,701
ITW	일리노이 툴 웍스	5.06	236.2	2.10%	12.10%	2.20%	71,425
HUM	휴매나	3.15	484.77	0.60%	10.80%	11.60%	60,066
ROP	로퍼 테크놀로지스	2.48	504.15	0.50%	12.10%	3.10%	53,798
USB	US 뱅코프	1.88	34.41	5.50%	10.10%	1.80%	53,575
ECL	이콜랩	2.06	177.53	1.20%	6.30%	0.50%	50,602
MSI	모토로라 솔루션스	3.25	285.74	1.10%	11.00%	7.40%	47,724
RSG	리퍼블릭 서비스	1.91	149.3	1.30%	7.50%	6.10%	47,227
SYY	시스코	1.9	70.59	2.70%	8.20%	4.40%	35,643
ALL	올스테이트	3.4	114.15	3.00%	18.10%	5.50%	29,859

* 매출액 성장률, 배당금 성장률은 2018~2022년 기준, 주가는 2023년 9월 20일 기준
* 출처: 초이스스탁

| 배당 지급일이 2월, 5월, 8월, 11월인 기업 리스트 | (단위: 달러)

티커	종목명	주당 배당금 (2022)	주가	배당 수익률	5년 배당금 연평균 성장률	5년 매출액 연평균 성장률	시가총액 (백만 달러)
PG	프록터 & 갬블	3.523	153.47	2.30%	5.50%	4.30%	361,712
TXN	텍사스 인스트루먼트	4.69	162.1	2.90%	17.20%	6.00%	147,181
CAT	캐터필러	4.62	278.61	1.70%	8.30%	5.50%	142,131
VZ	버라이즌	2.573	33.6	7.70%	2.10%	1.70%	141,256
LOW	로우스컴퍼니	3.95	214.91	1.80%	20.10%	7.20%	124,028
BMY	브리스톨마이어스 스퀍	2.16	58.78	3.70%	6.70%	17.30%	122,797
SBUX	스타벅스	1.96	95.16	2.10%	14.40%	7.60%	108,996

티커	종목명						
APD	에어프로덕츠 앤 케미컬스	6.36	294.82	2.20%	11.90%	9.20%	65,494
GD	제너럴다이내믹스	4.97	225.55	2.20%	8.70%	4.90%	61,585
CL	콜게이트 파몰리브	1.86	73.76	2.50%	3.20%	3.10%	60,977
PNC	PNC 파이낸셜 서비스	5.75	123.95	4.60%	17.20%	5.30%	49,364
NUE	뉴코어	2.01	155.39	1.30%	5.90%	15.40%	38,649
AMP	아메리프라이스 파이낸셜	4.88	344.99	1.40%	8.50%	3.30%	35,405
FAST	패스널	1.24	54.28	2.30%	14.10%	9.70%	31,012
WST	웨스트 파마슈티컬 서비스	0.73	384.34	0.20%	6.60%	12.50%	28,388

* 매출액 성장률, 배당금 성장률은 2018~2022년 기준, 주가는 2023년 9월 20일 기준
* 출처: 초이스스탁

| 배당 지급일이 3월, 6월, 9월, 12월인 기업 리스트 | (단위: 달러)

티커	종목명	주당 배당금 (2022)	주가	배당 수익률	5년 배당금 연평균 성장률	5년 매출액 연평균 성장률	시가총액 (백만 달러)
MSFT	마이크로소프트	2.42	320.77	0.80%	9.60%	15.50%	2,383,245
V	비자	1.5	241.86	0.60%	17.80%	9.80%	492,273
UNH	유나이티드헬스 그룹	6.4	492.13	1.30%	17.40%	10.00%	455,863
JNJ	존슨앤존슨	4.45	162.91	2.70%	6.00%	4.40%	392,290
AVGO	브로드컴	16.4	830.57	2.00%	32.10%	13.50%	342,806
CVX	셰브론	5.68	166.69	3.40%	5.60%	11.70%	317,978
HD	홈디포	7.6	310.86	2.40%	16.40%	9.30%	310,881
MCD	맥도날드	5.66	277.2	2.00%	8.10%	0.30%	202,013
PFE	화이자	1.6	33.62	4.80%	4.60%	13.80%	189,817
AMGN	암젠	7.76	271.46	2.90%	11.00%	2.90%	145,204
UPS	유나이티드 파슬 서비스	6.08	157.64	3.90%	12.90%	8.50%	134,695
QCOM	퀄컴	2.86	109.22	2.60%	5.40%	14.70%	121,890
LMT	록히드마틴	11.4	426.95	2.70%	8.90%	5.70%	107,519
ELV	엘레반스 헬스	5.12	445.83	1.10%	13.70%	11.70%	105,059
BLK	블랙록	19.52	683.48	2.90%	14.30%	5.60%	102,045

* 매출액 성장률, 배당금 성장률은 2018~2022년 기준, 주가는 2023년 9월 20일 기준
* 출처: 초이스스탁

앞서 제공한 종목들은 어디까지나 투자 참고용입니다. 재무 데이터, 배당에 관한 정보로만 정리한 기업이기 때문에 실제 투자를 위해선 사업모델, 실적, 전망 등 여러 가지 부문을 잘 살펴봐야 합니다. 당장은 우량기업이라도 시간이 지나면서 산업의 변화에 적응하지 못한다면, 실적이 감소해 과거와 같은 배당정책을 유지할 수 없기 때문입니다.

월 배당받는 포트폴리오 꾸리기

수중에 300만 원이 있습니다. 과연 월세처럼 월 배당을 받는 포트포리오를 꾸릴 수 있을까요? 가능합니다. 단 3종목으로 말입니다. 앞서 '미국 주식으로 매월 배당받는 포트폴리오 꾸리기'에서 소개한 종목 리스트를 활용해 월 배당 받는 포트폴리오를 꾸려봅시다. 월 배당 받는 포트폴리오를 구축하는 데 있어서 종목 선정 기준은 다음과 같습니다.

1. 꾸준한 배당정책을 펼치고 있으며 매 분기 배당을 하는 기업
2. 배당지급월이 서로 다른 주식 최소 3개 선정
3. 서로 다른 업종에 투자해 분산투자 효과

이 책에서 제공된 리스트를 활용한다면 첫 번째 기준은 이미 충족하고 있습니다. 따라서 두 번째 기준인 배당지급월이 서로 다른 주식 3가지를 골라야 합니다. 따라서 매 분기 배당을 하는 업체 중 배당지급월이 1월, 4월, 7월, 10월인 주식과 2월, 5월, 8월, 11월인 주식, 마지막으로 3월, 6월, 9월, 12월인 주식을 각각 선정해야 합니다. 분산 투자 효과를 누리기 위해선 서로 다른 업종에 속한 기업들을 고르는 것이 좋습니다. 특정 업종에 집중 투자하게 된다면 해당 업종에 불황이 찾아왔을 때 원금의 안전성을 지키기 어렵습니다.

위와 같은 기준을 적용해 선정한 종목은 시스코 시스템즈(Cisco Systems, CSCO), 패스널(Fastenal Company, FAST), 존슨앤존슨(Johnson & Johnson, JNJ)입니다. 시스코 시스템즈는 미국의 네트워크 장비, 보안 솔루션을 제공하는 회사로 1월, 4월, 7월, 10월이 배당지급월입니다. 패스널은 산업용, 건축용 자재를 유통하는 회사로 2월, 5월, 8월, 11월에 배당을 지급합니다. 마지막으로 글로벌 헬스케어 기업인 존슨앤존슨은 3월, 6월, 9월, 12월에 배당을 지급합니다. 3개 기업 모두 배당수익률이 2%대로 각각 같은 금액을 투자한다면 매월 비슷한 배당금을 받을 수 있습니다. 그렇다면 주어진 300만 원으로 해당 주식을 각각 몇 주씩 매수해야 할까요?

원/달러 환율 1,300원 적용 시 300만 원은 2307.69달러입니다. 세 종목에 비슷한 금액을 투자해야 하니 한 종목당 매수 한도는 769.23달러입니다. 2023년 9월 20

일 기준 주가는 시스코 시스템즈 주가가 55.5달러, 패스널이 54.28달러, 존슨앤존슨이 162.91달러입니다. 따라서 시스코 시스템즈는 13주(721.5달러), 패스널은 14주(759.92달러), 존슨앤존슨은 5주(814.55달러)를 살 수 있습니다. 주가 단위에 따라 매수금액이 딱 떨어지지 않기 때문에 존슨앤존슨의 경우 매수 주식수 1주를 늘렸습니다. 총 매수금액은 2,295.97달러로 11.72달러가 남습니다. 이같이 포트폴리오를 구성할 경우 연간 59.11달러, 월 기준으로는 약 4.9달러의 배당금 수령이 가능합니다. 한편 미국주식 소수점 매수 서비스를 제공하고 있는 신한금융투자 등 일부 증권사를 활용하면 보다 정확한 비율로 세 종목에 분산투자할 수 있습니다.

|300만 원으로 월 배당 포트폴리오 짜는 방법|

(단위: 달러)

티커	종목명	배당 수익률	주당 배당금 (2022)	주가 (9/20)	배당 지급월	매수 수량	매수 금액	연간 수령 배당금
CSCO	시스코 시스템즈	2.70%	1.5	55.5	1, 4, 7, 10	13	721.5	19.5
FAST	패스널	2.28%	1.24	54.28	2, 5, 8, 11	14	759.92	17.36
JNJ	존슨앤존슨	2.73%	4.45	162.91	3, 6, 9, 12	5	814.55	22.25
합계							2,295.97	59.11

* 원/달러 환율 1,300원 적용
* 연간 수령 배당금은 세전 기준